Josef Anselm Adelmann v. A.

Gottes Sonne, 1 × täglich

50 Starthilfen in den Tag

Herderbücherei

Originalausgabe
erstmals veröffentlicht als Herder-Taschenbuch
Umschlagzeichnung: Willy Kretzer

1. Auflage Februar 1977
2. Auflage August 1977
3. Auflage Mai 1978
4. Auflage März 1979
5. Auflage September 1980
6. Auflage Februar 1982

Herder Freiburg · Basel · Wien
Herstellung: Freiburger Graphische Betriebe 1982
ISBN 3-451-07603-9

Inhalt

1

Vertrauensvorschuß

Jeder Mensch braucht Hilfe. Vor allem beim Start: Starthilfe. Wenn man jung ist – den Beruf wechselt – neu in der Firma – umzieht – in das Krankenhaus gebracht wird – vor der Schwelle zum ganz anderen Leben. Immer wieder braucht man Starthilfe. Es kann eine ganz profane Geldhilfe sein: Lohnvorschuß. Finanzielle Belastungen lähmen die ersten Schritte. Solche Hilfen entlasten und beflügeln. Wichtiger aber noch ist ein Vorschuß an Vertrauen. Er ist das Geschenk für den guten Anfang, aber auch lebenslang lebensnotwendig.

Eine Handvoll Beispiele: Wenn ich ein neues Kopfwehmittel kaufe, zum Beispiel „Phenacetin-Acid-actylon …". Man kann den Namen der Arznei kaum lesen. Vertrauensvorschuß für den Apotheker. – Ich steige in den Zug und frage nicht, ob der Lokführer volltrunken oder dem Herzinfarkt nahe ist. Ohne es selbst zu bemerken, schenken wir Menschen Vertrauen. Selbst jenen, die wir nicht kennen. Hier: Vertrauensvorschuß für den Lokführer. – Das Brautpaar kennt sich (ein wenig), aber im Dunkeln liegt die gemeinsame Zukunft. Bei der Hochzeit und später, sich immer wieder anzuvertrauen, welch hohes Zeichen der Liebe eine Ehe lang! – Als junge Menschen hätten wir einen schweren Start gehabt ohne diesen Vorschuß an Vertrauen: Vertrauensvorschuß für die Jugend. – Auch die alte Kirche braucht ihn, damit ihr Aufbruch, ihre Reform nicht auf halbem Weg erliegt. Kein Vertrauen für die Kirche?

Wem immer wir eine solche Starthilfe gewähren, wir schaffen ihm damit jenen Freiraum, also jene Freizügigkeit, die angenommen, aber auch abgelehnt werden kann. Ein Geschenk zum Gebrauch oder Mißbrauch. Man kann sich auf solchem Vertrauen ausruhn und sich sonnen oder damit arbeiten und wirken.

Viele Fragen drängen sich auf. Nimmt der andere unser Angebot, unsere Starthilfe überhaupt an? Menschen, die als Kinder ohne Vertrauen aufwuchsen, werden auch später mißtrauisch bleiben gegen solcherlei Angebot. Mit Recht werden auch jene Menschen jeden Vertrauensvorschuß ablehnen, die man auf diese Weise einmal billig einkaufen, festlegen wollte. Wenn man sich fragt, wann und wo man ein solches Geschenk erhalten hat, dann summieren sich diese Gaben zu einem kräftigen Schuldkonto, dann erinnert man sich wohl auch, daß von Christus uns ein bisher nicht zurückgeforderter Vertrauensvorschuß gewährt wurde. Seine Geduld mit uns, seinen Schuldnern, brauchen wir ja immer wieder.

Wie oft aber sollen wir nun einem Menschen Vertrauen schenken, ohne viel auf Gegenleistung zu schauen? Wie oft verkraften wir Enttäuschungen? – Im Umgang mit Verkehrsmitteln ist das recht einfach. Erfüllt eine Automarke die Erwartungen nicht, so steigt man auf eine andere um. Ähnliches gilt für alles, was man sich kaufen kann, auch für das Kopfwehmittel. Wenn mir das eine nicht geholfen oder gar Beschwerden bereitete, so suche ich, am besten mit der Hilfe eines Arztes, nach einem neuen. – Aber wann darf man in einer Familie, zum Sohn, zum Ehepartner, im Betrieb, wann in der Kirche sagen: „Adieu! Ich vertraue dir endgültig nicht mehr. Jetzt gibt es keine Vorleistungen mehr, sondern nur noch ein Geschäft ‚Zug um Zug'"? Wer so mit dem anderen umgeht, handelt vielleicht geschäftstüchtig und recht vernünftig. Ich meine auch, daß Vertrauen nicht das einzige sein dürfte, was wir dem andern anbieten sollten. Auch die Korrektur und gelegentlich das „Nein" kann ein Geschenk sein und von der Situation gefordert werden. Doch was von dem Verzeihen gilt, sollte auch für das Vertrauen Geltung haben: „Wie oft soll ich verzeihen? – Siebenundsiebzigmal!" (Vgl. Mt 18,21.) Dieses scheint mir ein christlicher Rhythmus zu sein: Vertrauen – Enttäuschtwerden – Vergeben und Verzeihen – neues Vertrauen. Ich denke, wir brauchen nicht lange zu suchen, um einen Menschen zu finden, der jetzt unser Vertrauen gut, sehr gut brauchen könnte.

2

„Rühr mich nicht an!“

Psychologen stellen wachsende Abneigung, sich berühren zu lassen, fest. Anderseits kennen Stadtplaner und Festzeltbesitzer das zunehmende Verlangen unserer Zeitgenossen nach Tuchfühlung. Jubelfeste deshalb allerorts zur Gesundung des Menschen und der Aufbesserung der Stadtkasse? Offensichtlich macht es vielen Menschen Spaß, dicht gedrängt miteinander zu feiern. Im Schwäbischen sagt man dafür gemütlich „hocke“, und die Bürgerfeste nennen sich „Hocketse“. Einmal also wird der andere abgestoßen, ein andermal zieht es Menschen zusammen aus vielerlei Motiven. Wie unterschiedlich sind auch die Formen der Kontaktaufnahme, wie mannigfaltig ihre Sprache! Zeichen der Zärtlichkeit oder der Inbesitznahme, der Machtübernahme oder der Werbung, der Freundschaft oder der Herrschaft, Signale für Befehlsempfänger oder Auftakt des Gesprächs, Formen plumper Vertraulichkeit oder Höflichkeitsformen, die Freiheit belassen und Respekt bezeugen?

Der von Nazaret umarmt in Zärtlichkeit, er läßt die Kinder nicht nur zu sich kommen. Er schließt sie in seine Arme (Mk 9,35). Johannes wird erlaubt, an seiner Brust zu ruhen (Joh 13,25). Den Jüngern und Aposteln zeigt er nach Ostern die Wundmale (Joh 20,20). Solche Freizügigkeit verbindet Jesus in seinem Leben mit vorsichtigen und vornehmen Zeichen des Abstandes. Er bittet die Frau am Jakobsbrunnen lediglich um einen Becher, berührt nur die Bahre des Jünglings von Nain und spricht zu Maria Magdalena, die ihn am Ostermorgen freudig umarmen möchte: „Noli me tangere! – Rühr mich nicht an!“ Erst muß man wieder neu zusammenfinden. Er wird selbst dazu einladen: „Habt ihr schon gegessen?“ So wird er zum Mahl sich einfinden am See von Gennesaret. Wie merkwürdig nehmen sich Formen unserer Begegnung mit Menschen aus! Zaghafte, vielleicht auch krampfhafte Zeichen. Lacht nicht darüber. Auch erste Anzeichen, daß sich jemand in sein Schneckenhaus zurückziehen will, sollten respektiert werden. Die Zeichensprache der Kirche, die vielfach unverstanden unsere Zeit erreichte, hätte eine Chance, wenn sie in ihren Sakramenten erkannt würde als die „Gesten Jesu".

Noch ein Beispiel für einen, der es Jesus nachtat, ein Kind. Roger Schutz, der Prior von Taizé, erzählt von einer kleinen Verwandten. Yvonne war aus dem Kongo zurückgekommen. Dort war sie Nachbarin eines afrikanischen Buben, der gleich alt war wie das Töchterchen von Yvonne. Dieser Bub war ohne Eltern und sehr einsam. Jeden Abend ging das Mädchen durch den Garten dorthin, wo die Grundstücke zusammentrafen, durch eine Mauer getrennt. Eine Tür gab es nicht. Sie konnte den Buben, der auf der anderen Seite hockte, nicht sehen, aber durch ein Loch in der Mauer streckte sie ihre Hand. Und die Kinder hielten sich fest. Sie sahen sich nicht, konnten miteinander nicht reden der verschiedenen Sprache wegen. Aber sie hielten aneinander fest.

3

„Gott behält keine Kieferknochen"

So war's jüngst zu lesen. Nicht vom Neandertaler oder über den Urmenschen von Steinheim wurde gehandelt, sondern von Papuas, Menschen in Neuguinea. Auf jene althergebrachte Stammessitte bezog sich der Bericht, der fordert, daß die Kieferknochen der vom Feind Erschlagenen in den Hütten aufgehängt werden: als Mahnzeichen zur Pflicht vergeltender Rache, zum tagtäglichen Anschauen aufbewahrt vor den Augen der Sippe, bis blutig vergolten war. In einigen Hütten hängen diese Knochen nicht mehr. Christen wohnen dort, die wissen, daß Gott keine Rache will. Durchbrochen ist der Teufelskreis von Angriff und Gegenangriff, Aug' um Auge, Zahn um Zahn, von Untat zu Rache. Gott will den Tod des Sünders nicht, auch nicht des Feindes. Er vergibt, „so auch wir vergeben". Dieser Gott, der „unter uns aufgerichtet hat das Wort von der Versöhnung", „behält" – sagen die Christen in Neuguinea – „keine Kieferknochen".

Doch was soll das, diese Geschichte? „Blutrache, die gibt es hierzulande nicht mehr", werden einige jetzt vielleicht denken. „In Sizilien, da soll's so was geben, wie man hört. Da sollten Sie predigen, lieber Adelmann. Oder vor den Männern, Katholiken und Protestanten, in Irland. Aber bei uns..."

Gewiß, wo anders gäbe es „Blutrache" bei uns als beim Spiel der Kinder? Wir leben in einem Rechtsstaat. Aber „reizen bis aufs Blut", das ist uns Erwachsenen kaum nur als Redensart bekannt. Und „Vergeltung" im täglichen Leben? Ist es so selten, daß einer nicht vergeben will, sich vergeltend „sein" Recht nimmt, „koste es, was es wolle", „wie du mir, so ich dir"?

Bei den Papuas, die Christen wurden und sich mühen, Christen zu sein, hängt an Stelle des Zeichens der Rache das Kreuz. Zeichen der Versöhnung, Vor-Bild des „neuen Menschen".

Mit der saloppen Selbstverständlichkeit, die jungen Leuten heute eigen ist, bediente mich an einer Selbstbedienungstankstelle ein junger Mann. Außer dem Kassieren war nicht viel zu tun. Darum wohl der Stapel zerlesener Groschenhefte. „Sind knallhart: Kennen Sie den schon, den Rächer? Können Sie haben, schenk' ich Ihnen! – oder zum Eingewöhnen dieses hier?" So lernte ich, nach Haus gekommen, Herrn „Kung Fu" kennen. Für mich, wie ich bald erkennen mußte, nichts zum Eingewöhnen. Der Herr Kung Fu war friedfertig, wie der Heiland selbst, es sei denn, es blieb ihm, dem Herrn Kung Fu, nichts anderes übrig als dreinzuschlagen. Dadurch unterschied er sich sehr von dem Mann, der da lehrt: „Wenn einer zu dir sagt ‚Du Schurke'", dann schlag nicht zu, „komm ihm entgegen und versöhne dich mit deinem Bruder."

Jener junge Tankwart, der mich bediente, gab es für ihn nichts als die Helden seiner Groschenhefte? Ich weiß das nicht. Ebensowenig wie ich weiß, ob das Spiel der Kinder, das zuweilen in gegenseitig verletzenden Ernst umschlägt, ein Vorspiel hat bei den Eltern zu Haus. Ich will nichts anderes als Sie bitten, Sie möchten sich prüfend fragen, wer alles uns Vorbild ist.

Gott ist ein Gott der Versöhnung und des Friedens: „Herr, ich warte auf dein Heil und handle nach deinem Gebot." Wie oft verzeihen, verzichten auf Rache und Vergeltung? Petrus hat das gefragt, kaum obenhin, als ob es ihn selbst nichts anginge. Dieser Mann, der so geschwind glaubte und so geschwind zweifelte, zu Lebzeiten Jesu, war betroffen: „... wie oft denn, Herr, verzeihen. Ist's genug siebenmal?" Jesus sprach zu ihm: „Nicht siebenmal, sondern siebenundsiebzigmal", jedem ohne jede Ausnahme, immer!

So etwas will gelernt sein und geübt. Denn selbstverständlich

– für den „alten Menschen“ – ist das nicht, dieser Verzicht auf Werke und Worte und Gedanken der Vergeltung. Wer in den Räumen seines Lebens noch „Kieferknochen“ aufbewahrt, Sie erinnern sich, der begrabe sie: wie die Frauen in Irland, die ihre Männer mahnen zur Umkehr in die Welt des Verzeihens.

4

„Der Mensch ist für die Freude geschaffen“

Blaise Pascal spricht nicht vom Menschen im Paradies. Ihm geht es nicht so sehr darum zu sagen, wie intensiv die Freude der Menschen einmal gewesen ist in der Harmonie mit Gott und seiner Schöpfung. Pascal denkt an die Zukunft des Menschen. Das ist eine Zielansprache: „Der Mensch ist für die Freude geschaffen.“ Welche Realität aber umgibt uns heute? Der Psalmist beschreibt sie: „Der Jahre Gewinn sind einzig Mühsal und Plage“ (Ps 90, 10). Das hieße: über aller Mühe und allem Leid die Freude aus dem Leben, aus der Wirklichkeit auszuschließen. Diese ist vielmehr ein Gemisch, das es zu analysieren gilt.

Erstes Ergebnis: Der Mensch lebt wie in einem Kontrastprogramm. Er erfährt die Welt zu seiner Freude und zu seinem Leid im gleichen Fernsehsessel (Mainzer Fastnacht im Ersten Programm – Alexander Solschenyzins „Krebsstation“ im Zweiten Programm). Die Morgenzeitung macht keinen Unterschied im Druck zwischen Hiobsbotschaften und freudigen Ereignissen (auf der gleichen Zeitungsseite zwölf Tote bei einem Omnibusunglück und die Nachricht über die glückliche Geburt von Vierlingen).

Zweites Ergebnis: Trauer und Freude sind wie Zwillinge. Sie sind oft kaum auseinanderzuhalten (bei den großen Clowns bis hin zu Charlie Chaplin weiß man zuweilen nicht, ist's Lachen oder Weinen).

Drittes Ergebnis: In hellster Freude ist Trauer, im tiefsten Dunkel ein Funken Hoffnung (Charles Baudelaire, unglücklicher französischer Dichter: „Lachen ist sowohl Zeichen einer unendlichen Größe wie eines unendlichen Elends.“ – Spr 14, 13: „Auch beim Lachen kann sich das Herz grämen – und das Ende der Freude ist Leid“).

Viertes Ergebnis: Der Mensch wird wählerisch. Er sucht Frohes und Trauriges je nach Gusto, nach seinem Geschmack. Er liest nur die angenehmen Überschriften oder nur die unangenehmen; er drückt die Tasten am Fernsehapparat so lange, bis er das Programm seiner Wahl vor Augen hat. Er schätzt die fröhlichen oder die traurigen Menschen, so wie es seiner Laune, seinen Bedürfnissen, seiner eigenen Art entspricht. Er hört aus Predigten nur das heraus, was ihn fröhlich stimmt, worüber er sich empören kann, was ihn traurig macht, er glaubt die Wahl zu haben und übersieht dabei die Ergebnisse 1–3: Die Wirklichkeit ist ein kontrastreiches Gemisch von Trauer und Freude. Dieses Gemisch gilt es zu analysieren, nicht zu konsumieren, was einem davon beliebt.

Fünftes Ergebnis: Christliche Freude ist von besonderer Art. Vor allem die, welche Paulus empfiehlt: „Freut euch, wiederum sage ich euch, freut euch!“ So etwas ganz Ausgefallenes ist es noch nicht, wenn er mit alten griechischen Philosophen sagt: „Freut euch mit den Fröhlichen“ (Röm 12,15)! Fröhlichkeit in Gemeinschaft ist allen Lebenslustigen gemein. Ein Satz aus dem Katechismus für gutes soziales Verhalten: es empfiehlt sich, Weinfeste, Volksfeste, Cocktail-Parties zu besuchen. Führt Paulus nun besondere Gründe an, daß sich der Christ freue? Wie immer Christus verkündet wird, der Apostel wird froh darüber (Phil 1,18). (Es ist nicht der gewandte Prediger, nicht die stimmungsvolle Musik und auch nicht die ihm sympathische „rechts“ oder „links“ stehende Gemeinde, sondern einfach die Tatsache, daß Christus verkündet wird. Das macht ihn froh.) Paulus freut sich über den Glauben seiner Freunde (Kol 2,5). (Was schätzen Sie am meisten an Ihren Freunden?) Die Mitte aber all seiner Freude und das Charakteristische: „Freut euch im Herrn“ (Phil 3,1). Eine andere Eigentümlichkeit überrascht:

„Wir freuen uns, wenn wir schwach sind" (2 Kor 13, 9). Das ist eine Begründung, die jederzeit des Nachdenkens wert ist. Wer sich über sein Können, sein Wissen, seine Stärke, seine Beliebtheit und dergleichen freuen will, der mag es tun. Er hat dafür das ganze Jahr Zeit. Wenn es aber nun auf Karfreitag zugeht, dann wird es Zeit, bescheiden zu werden, sich als ein schwacher, sündiger Mensch zu erkennen, wenn das ganz Besondere der christlichen Freude, die österliche Freude, Ihre Freude werden soll.

5

Face à face

In meiner Wohnung, gleich am Eingang, hängt dies Bild. Ein Kupferstich von Georges Rouault. Der Künstler selbst gab ihm diesen Titel. Blatt 40 seiner Serie „Miserere". Die Themen entstanden wohl schon im ersten Weltkrieg, doch wurden die einzelnen Blätter später geschaffen und erst 1927 veröffentlicht (1948 in Buchform). Kupferplatten, an denen Rouault jahrelang gearbeitet hatte, vernichtete der Verleger Vollard. Vergolden und sie in der Botschaft in Paris aufhängen, das wollte ein Diplomat der Vereinigten Staaten. Früher hätte man eine solche Reihe „Kreuzweg" genannt, doch beließ es der Künstler nicht bei den herkömmlichen vierzehn Stationen. Auf achtundfünfzig Bildern begegnen Menschen dem Krieg, den Mächtigen, den Dirnen, dem Leid, der Heimat, dem fortleidenden und fortlebenden Jesus, dem Christus. „Face à face": Jesus begegnet dem Mächtigen.

Die Titel der einzelnen Bilder lesen sich wie ein Gebet. Man füge nur, wie in einer Litanei, an:

„Miserere …
Herr, erbarme dich …"

Jesus verspottet,
Immer wieder gegeißelt,
Flüchtet als armer Landstreicher an dein Herz.
Sind wir nicht Sträflinge in Ketten?
Und halten uns für Könige.

Zuweilen geschieht es, daß die Straße schön ist.
Morgen wird's schön, sagte der Schiffbrüchige.
Leben, ein hartes Handwerk …
Es wäre so schön, zu lieben …

Man nennt sie Freudenmädchen ...
Im Mund, der einst frisch war, Geschmack von Galle.
Dame des vornehmen Viertels erwartet
Auch im Himmel einen reservierten Platz ...
Haltlose Frau ruft: „Mittag“, wenn es dreizehn schlägt.

„Er wurde mißhandelt und bedrückt und
tat seinen Mund nicht auf“ (Jesaja) ...
Unter so vielen Berufen das schöne Handwerk,
den Samen in eine feindliche Erde zu legen.
Straße der Einsamen ...
Jean-François singt niemals Halleluja ...
„Auch die Dinge haben ihre Tränen ...“ (Vergil, Aeneis I)

„Wer an mich glaubt, der wird leben, auch
wenn er stirbt“ (Johannes) ...
Singet die Morgengebete, der Tag kehrt wieder ...
„Herr, du bist es, ich erkenne dich.“

Und Veronika mit ihrem zarten Linnen geht
immer noch des Weges ...
„Jesus wird im Todeskampf sein bis ans
Ende der Welt“ (Pascal) ...
Auge in Auge ...
„Der Krieg ist den Müttern verhaßt“ ...
Wir müssen sterben, wir und alles, was unser ist
(Horaz, De Arte poetica, Vers 63) ...
Geliebte Heimat, wo bist du? ...
„Gehorsam bis zum Tode, bis zum Tode des
Kreuzes“ (Paulus) ...
„Durch seine Wunden sind wir geheilt“ (Jesaja).

„Miserere“ entstand also in der Begegnung mit dem Krieg, aus dem Leben zwischen den Kriegen, im „Frieden“. Rouaults Erfahrungen und Erkenntnisse zeigt er als Begegnung Jesu mit den Menschen von heute: Evangelium im Bild.

Er ging bei der Arbeit nicht an diesen Menschen vorüber: „Man sah ihn während der ersten zehn Jahre nach dem Waffenstillstand von 1918 jeden Nachmittag aus dem Hause seines Verlegers kommen: er begab sich von dort in eine kleine Pariser Druckerei, die er oft erst verließ, um gerade noch die letzte Untergrundbahn zu erreichen. So fügte er zum Tagewerk des Malers die Arbeitslast des Stechers. Er gewann Zutritt zu den Arbeiterfamilien oder Arbeitsgemeinschaften, die man am besten mit den mittelalterlichen Malschulen vergleichen könnte; Arbeiter fanden in Rouault einen Mann, der nicht nur Schulter an Schulter mit ihnen, gekleidet wie sie, an ihren Maschinen arbeitete und sich die Hände mit ihrer Druckerschwärze beschmutzte, sondern auch ihre Manieren hatte und ihre Sprache sprach bis in die Feinheiten des Tonfalls. Sie entdeckten in ihm sehr bald einen ‚Menschen ihrer Art‘. Er bewies selbst den Taglöhnern, daß der spirituellste Maler der Zeit mit seinen Händen und in Materie dachte und mit des Arbeiters Augen meditierte…“

Das Bild „Face à face“ konnte ich mir als Student erstehen. Nun hängt es im Eingang meiner Wohnung. Manche Besucher bleiben stehen: „Wer ist hier zu Hause? In welcher Art tritt man mir entgegen? Wird man mich anhören, mich verstehen?“

Wenn ich selbst das Haus verlasse: „Man wartet draußen auf mich (in der Kirche zum Gottesdienst, im Funkhaus zu einer Aufnahme), und wie werde ich den Menschen begegnen, wie schaue ich sie an, erreiche ich sie mit meinen Worten, meinen Erfahrungen und Erkenntnissen, unserer Botschaft?“

Den Gästen und dem Hausherrn steht mit dem Bild eine Frage ins Haus. Auf welcher Seite findest du dich? Christus näher, ihm ähnlicher als dem Mächtigen?

6

Was tun, wenn man sich selbst nicht mehr mag?

Vor einigen Jahren besuchte ich einen Freund. Seine Wohnung hatte viele Zimmer, und auf jedem Tisch dieser Zimmer stand jeweils ein Spiegel: auf dem Schreibtisch, dem Eßtisch, dem Tisch vor dem Kamin. Hatte er sein Gesicht so gern, daß er es immer wieder im Spiegel sehen wollte? Oder war ihm das Spiegelbild so etwas wie der Totenkopf, der früher unverzichtbar zu einer Mönchszelle gehörte?

Wir alle sehen uns morgens wohl einmal, wenn auch nur flüchtig, im Spiegel. Unterschiedliche Reaktionen: Sind Sie ein wenig verliebt in Ihr Konterfei? Etwas kritische Distance zur eigenen „Schönheit"? Mögen Sie sich sehr – nun gut! Mögen Sie sich ein wenig – sehr gut! Aber wenn man sich selbst gar nicht mehr mag? Bekanntlich hat man es ja mit sich selbst am schwersten – sicherlich auch mit anderen Menschen. Aber ihnen kann man davonlaufen, sich selbst nicht. Man tut sich mit sich selbst schwer, weil uns im „Spiegelbild" am deutlichsten wird, wie Bild und Wirklichkeit, also das, was man sein möchte, und das, was man ist, auseinanderfallen: Staunen – Schrecken – Depression – Gelächter – Gleichgültigkeit – Enttäuschung.

Wir gehen dem Eingebildeten und dem Entmutigten ein wenig nach. Sie kennen doch die Erfahrung mit dem Foto? „Das soll ich sein? Sehr gut bin ich aber nicht getroffen!" Das Bild, das ich selbst von mir machte, war vorteilhafter, zumindest anders, als ich es durch das „objektive" Foto soeben auf den Tisch bekam; ein Foto, das doch ebenso unbestechlich ist wie der Spiegel! Was ist zu tun, wenn man diese fotografische und seelische Wirklichkeit nicht mehr mag und verliebt ist in ein Traumbild? Man muß sich annehmen, wie man ist, nicht, wie man sein möchte. Wir werden krank, wenn wir an uns vorbeischielen und eitel vergafft sind in das lichtere Schein-Ich. Das schließt die

Korrektur nicht aus. Aber gerade dazu braucht es tapfere „Einsicht“ und nicht „Einbildung“. Doch wenn ich dabei entdecke, daß ich kein Muster-Vater bin, kein Fernseh-Vater und daß ich nicht ganz so clever bin wie irgendein Detektiv oder Politiker, wenn ich einsehen muß: „Ich bin versehrt. Es gibt Schäden. Dauerschäden bei mir. (Ich halte mich nicht mehr aus!)“ Wenn ich im Spiegelbild sehen müßte, daß ich gekennzeichnet bin: erste Spuren, weil ich zuviel trinke! (Ich ekle mich an!) Sich dann noch anzunehmen, nicht an sich vorbeizuschauen, das ist schwer, bitter schwer. Dann fällt es einem nicht leicht, den Spiegel zur Hand zu nehmen (die Spiegel auf die Tische des Hauses zu stellen): „So bin ich.“ Oder ein Tonband zu besprechen mit dem Satz: „Du bist versehrt.“ Oder sich mit anderen Menschen zusammenzutun und sich gegenseitig offen ins Gesicht zu sehen und zu sagen: „Wir sind so.“

Dann aber wäre der Selbstbetrug und die Selbstisolierung fast schon über-wunden, die uns alle verbindende Wirklichkeit kehrte zurück. Ja, es ist nicht so übel, von Zeit zu Zeit Gott zu sagen: „So bin ich, so habe ich gehandelt, was wirst du mit mir machen?“ Auch hier wird von dem Menschen, der meist nicht geringe Ursache hat, mit sich unzufrieden zu sein, Wirklichkeit erkannt, Einsamkeit abgebaut und eine Zweisamkeit gefunden, die hilft! Wenn Sie sich also gar nicht mehr mögen: Er mag Sie! Er hat gesagt: „Ich habe dich in meine Hand geschrieben!“ (Jes 49,16.)

7

„Kein Terror gegen niemand!“

Das ist kein gutes Deutsch, aber ein deutlicher Protest.

Was ist geschehen? Über hundert Menschen als Geiseln! Gestern noch Verwirrung und Angst. Verhandlungen rund um die Uhr. Das Ultimatum lief ab. Entebbe war weit weg, aber die Angst, der Schrecken erreichte uns. Doch nun: Befreiung der Geiseln. Die Rettung kam wie Blitz und Regen aus heiterem Himmel. Alles ist wieder in Ordnung. Jerusalem tanzte. Die Affäre Entebbe scheint erledigt. Die Kommandosache Uganda wurde erfolgreich durchgeführt. Aber wie wird es weitergehen? Und was ist die Moral von der Geschichte, die „Moral von Entebbe“? Vor der Frage zur Moral geben wir der Freude Raum, daß über hundert Menschen befreit wurden. Ein Fernsehkommentator meinte allerdings gestern abend: „In Jerusalem tanzt man zwischen Lachen und Weinen.“ Es gab ja Tote: drei Geiseln, ein israelischer Offizier und auch die Terroristen sind tot, sagt man, dazu etwa zwanzig ugandische Soldaten. Auch sie starben – am Rande der Weltgeschichte für eine Sache, die in ihrem moralischen Wert sehr verschieden beurteilt wird. Kairo: „Piratenakt“. Moskau: „Überfall“. Paris ist „befriedigt“. London „begrüßt“ den Ausgang. In Deutschland spricht man von „tiefer Genugtuung“ und „großer Erleichterung“. Washington „beglückwünscht“ die Familien der Geiseln. Ich schließe mich dem Glückwunsch voll an, doch möchte ich mit Ihnen noch weiter denken. Hier war ja am Wochenende mehr als eine Sensation. Wir erlebten alles andere als eine Wochenendunterhaltung.

Was ist die Moral von Entebbe? Kein Terror gegen niemand! Wir sind betroffen und verletzt von einer Waffe, die Terror heißt. Nach dieser Waffe muß international gefahndet werden, in den Waffenarsenalen menschlicher Gesinnung gründlicher als in Kellern und Geheimunterkünften.

Was bedeutet „Terror"? Ein lateinisches Wort: „Schrecken". Und was ist die Bedeutung über dieses Wort hinaus? Erstens: Der Terrorist setzt brutale Gewalt ein, um seine politischen Pläne mit Erpressung durchzusetzen. Er nimmt diesen Menschen dabei die Freiheit, bricht das Recht, bedroht Leben. Es gibt (zweitens) einen qualifizierten Tatbestand: Terror mit Geiselnahme. Damit hatten wir es hier zu tun. Irgendein Mann, irgendein Kind, ein Urlauber, irgendein Unbeteiligter wird als Geisel benutzt, Munition für den Erpresser. (Als drittes Merkmal:) Revolutionäre wollen die Welt verändern. Hier soll es geschehen durch Terror und Erpressung.

Man spricht allerdings auch vom „Terror durch Staaten". Das ist gewiß nicht nur denkbar, sondern Geschichte und Gegenwart. Ein Staat erpreßt vom fast geschlagenen Gegner (Japan) die Kapitulation durch den Schrecken einer Atombombe, die über Tausende und kaum Beteiligte abgeworfen wurde. Oder: Ein Staat schickt seine Panzer in ein „befreundetes" Land (Tschechoslowakei), das freier leben will als Satellitenstaat. Wir wollen weiter nachdenken über Entebbe und uns. Gibt es in Schulen, Familien, Betrieben und Vereinen Terror? Wir dürfen wohl sagen, daß brutale Gewalt kaum mehr angewandt wird. Oder doch? Wie steht „Gewalt" zu „Ordnung", „Druck" zu „Führung", „Repressalie" zu „Hilfestellung"? Im Umgang mit der Macht wird es immer wieder Mißbrauch geben. Ist das Grund genug, jegliche Macht zu verketzern? Ich las auf einem Tübinger Jugendhaus: „Keine Macht für niemand"! Von dieser Formulierung leitet sich auch der Titel dieser Besinnung ab. Andere Aussagen über die Macht sind nicht minder fragwürdig. Ein prominenter Rundfunkmann sagte: „Ohnmacht ist Unmoral." Viele Fragen zur Moral, zur Unmoral im Umgang mit der Macht.

Aber „Die Moral von Entebbe“ ist gesichert: Kein Terror gegen niemand von niemand!

Immer wieder werden wir die Frage stellen, wie wir unsern Umgang mit der Macht vor jenem Mann verantworten, der lebte „wie einer, der Macht hatte“, und doch so ohnmächtig war.

8

Herr, schick Regen

Ich habe mich dabei ertappt. Tatsächlich: Heute früh habe ich so gebetet! – Ein paar Stauden werde ich nicht retten. Sie verdorren in der heißen Luft, obwohl ihre Wurzeln im Wasser stehen. Sorgen eines Kleingärtners. – Gebet um Regen? Wie konnte das einem Christen des 20. Jahrhunderts passieren? Papst Paul meint zwar, man solle um Regen bitten. Aber einige meiner lieben Mitbrüder halten das für unangebracht. Gott solle man nicht mit Details und Bagatellen belästigen. Für viele ist diese Dürre keine Kleinigkeit und bedroht ihre Existenz. Beten in der Not? Man bittet um einen Landregen. Die Obsternte wurde schon vernichtet. Schäden, wohin man sieht!

Es geht in der Not nicht nur um die Ernte und Dinge, die wohl zu ersetzen wären. Menschen, ihre Krankheit, ihre Bosheit, ihre Ablehnung oder ihre Schwäche, sie sind es, die uns das Beten lehren: „Herr, laß ihn gesund werden" – „... öffne ihn, der sich verschlossen hat!" – „... gib ihm Kraft, er hat sie nötig!" – „Herr, ich bitte dich!"

Oder halten Sie überhaupt nichts vom Beten? In Frankfurt wurde vor ein paar Jahren der Prior von Taizé, Roger Schutz, gefragt: „Was bedeutet Ihnen das Beten?" Er antwortete: „Das Gebet ist das Suchen von Menschen, die ahnen, daß die wesentlichen Dinge, daß das Einzige, was Wirklichkeit hat, ihren eigenen Augen verborgen bleibt!" – „Es ist der Aufbruch des Menschen zu Gott, zu Christus, zur Gemeinschaft." Dieser Aufbruch aus dem Vertrauen heraus macht Partner zu Verbündeten. Viele mögen es so erlebt haben: Durch eine Bitte wurden zwei Menschen in ihrer Freundschaft bestärkt. „Ich werde ihn bitten, denn ich weiß, daß er mir helfen wird", sagte der Bittsteller. „Er vertraut mir seine Sorgen an. Er öffnet mir sein Herz", erwiderte der Freund. Sollte beim Beten nicht Ähnliches geschehen? Sollte

Gott so ganz anders reagieren? Hat er sich nicht durch Jesus als Freund angeboten und bereits erwiesen?

Argument gegen das Gebet um Alltägliches: „Man sollte Gott nicht mit Kleinigkeiten belästigen!" wie „Schick Regen!"... „Hilf mir bei der Prüfung!"... „Laß mich gesund nach Haus kommen!" In der Familie bittet man auch um Alltägliches, redet nicht immer wie bei Staatsempfängen. Widerspruch: „Um Regen zu bitten, das ist doch kindisch!" Wohl kaum! Vielleicht kindlich. Sogar Hinweis auf Glauben? Ja, das Bittgebet ist ein „Testfall des Glaubens". Weil man so prüfen kann, ob das Vertrauen bis ins Detail und Nebensächliche reicht. Hinweis: Man wird Gott zu seiner Antwort Freiheit und Zeit lassen. „Herr, dein Wille geschehe!"

Es geht überhaupt in erster Linie nicht so sehr um „dies und das", was man da erwartet und erbittet. *Jemand* wird erwartet, nicht *etwas*. Nie: *„Gott, Du mußt* handeln!" Immer: *„Ich* werde warten."

So sagt Prior Roger Schutz: „Gebet ist zunächst Warten. Erwarten. Es bedeutet, Tag für Tag in sich das Kommen des Herrn aufsteigen zu lassen. Komm für die Menschen! Komm für uns alle. Komm für mich selbst!"

Der Herr segne sie alle.
Er segne auch die Felder,
die Gärten und Weinberge.
Er lasse über uns kommen
seinen Geist,
daß wir lieben
was uns anvertraut,
ersehnen, was nur durch dich vollendet wird,
warten, bis du kommst.

Der Segen des Herrn
komme über Sie alle
und alle Länder,
über der Menschen Arbeit
auf dem Land und in den Städten.

Was wir haben, wollen wir teilen.
Gib uns, damit wir weitergeben können.
Schick Regen für das Land,
gib allen Menschen ihr tägliches Brot.

Der Herr
segne Sie alle am heutigen Tag
und bleibe bei Ihnen allezeit. Amen

9

Wenn Sie etwas über Ihre Zukunft wissen wollen...

Sie könnten einen astrologischen Kalender kaufen, zum Beispiel ein Büchlein mit dem Titel: „Die Seherin von Bonn enthüllt unser Schicksal". Es kostet 3.50 DM. Die Heilige Schrift wird auch unter zehn Mark angeboten. Buchpreis und Buchwert müssen wahrhaftig nicht identisch sein. Astrologie ist ernst zu nehmen, vor allem die Astrologen selber und ihre Jünger.

Und doch amüsierte es mich, in einem solchen Kalender zu lesen, ich müsse sehr früh aufstehen, um „glückliche Stunden" zu haben. Sie seien von 0.15 bis 4.25 Uhr zu erwarten, mittwochs erst ab zwei Uhr. Außerdem sei ich, sagte der astrologische Kalender, mit Max Schmeling verwandt (S. 92). Auch zeichne mich gemeinsam mit Heinz Köpcke, dem Nachrichtensprecher, ein ausgeglichenes Gemüt aus. Bei meiner Geburt muß mein Stern Purzelbaum geschlagen haben, da ich von Statur weder Max Schmeling noch vom Temperament dem angeblich ausgeglichenen Köpcke ähnlich bin, sondern eher von heftigem Charakter. Es liegt mir fern, Astrologie lächerlich zu machen, sie gerät aber zuweilen zu einer lustigen, unterhaltsamen Sache. Eine weitverbreitete Illustrierte rückt deshalb ihre Horoskope in die Spalte „Unterhaltung" ein. Tatsächlich nehmen nicht viele das Horoskop ernst, aber sie spielen „das Spiel Horoskop". Ihr Einsatz ist gering, der Gewinn meist nicht nachzuprüfen, es bleibt als Rest das Vergnügen, mit dem Außermenschlichen und Mysteriösen angebändelt zu haben.

Beim „Spiel Horoskop" wird nicht selten über Wochen und Monate hinweg Freiheit blockiert. Ich kenne Horoskopleser, die im Tageshoroskop ihren eigenen Tagesplan suchen und finden. Die Sterne und ihre Konstellation lassen sie eilen oder auf der Stelle treten, bestimmen den Rhythmus ihres Tages. Man kennt horoskopische Tagespläne mit Minutenzählung!

Mit der Uhr in der Hand muß ich demnach meine „glücklichen Stunden“ erwarten, sie erleben und beenden. An diesem Tage habe ich „in der Liebe gute Aussichten“, an jenem soll ich „Telefongespräche vermeiden“. In einer mir bekanntgemachten, ganz bestimmten Stunde, werde ich vor „übereilten Bekanntschaften“ gewarnt, in einer anderen werden „gefährliche Experimente im Straßenverkehr“ von mir erwartet.

Dabei hat diese Lehre der Astrologie eine uralte Tradition bis hin zu den Babyloniern und den Weisen, die unter dem Stern das Kind fanden. Die Astrologen retteten über Jahrhunderte hinweg altes Wissen. Entgegen allen Weltanschauungen, die nur ihrem eigenen, kleinen Zirkel Interesse entgegenbrachten, erkannten sie in der Welt eine Weltordnung, Zusammenhänge wurden vermutet zwischen den Sternen und dem Schicksal des Menschen.

Theologie und Astrologie klingen ähnlich, sie sind sich verwandt in der Aussage, der Mensch sei teils frei, teils gebunden, teils in Abhängigkeit, teils in Freiheit. Und doch verkünden die christlichen Theologen eine eigene Botschaft von Gott und den Menschen, von den Sternen und aller Kreatur. Sie werden nicht müde, an jenen zu erinnern, der für alles und alle Anfang war und Vollendung sein wird. Zwischen diesen Polen der Weltzeit und Heilszeit lebt der Mensch in der Verantwortung. Alle Schöpfung sehnt sich, „seufzt“, sagt Paulus (Röm 8), nach Erlösung. An diesem Christus, dem Erlöser, entscheidet sich das Schicksal des Menschen. Seitdem leuchten über allen Dingen und allen Menschen Sternen gleich die Hoffnungen. Die Konstellation der Sterne mag für den Menschen wichtig sein, entscheidend wurde, daß einer „Knechtsgestalt“ annahm und dem Menschen gleich ward. Daß dieser „sich erniedrigte und gehorsam wurde bis zum Tode, ja bis zum Tode am Kreuz" (Phil 2,7–8). Sein Erlösungswerk schließt nichts und niemanden aus. In der Vision des Johannes spricht er: „Ich mache alles neu" (Offb. 21,5). Im Mittelpunkt der astrologischen Arbeit steht das Bemühen, die Abhängigkeit des Menschen von der Sternenwelt zu erkunden und zu nützen. Im Zentrum der christlichen Lehre sehen wir den liebenden Gott, der die Rettung der ganzen Schöpfung in Gang setzte und sie mit dem Menschen vollenden wird. Der Evangelist Johannes (Joh 1,9) erkennt in ihm „das wahre Licht".

10

Gott im Konjunktiv

Wie die Leute so reden: „Ich möchte sagen ...“ – „Ich würde meinen ...“ – „Es wäre zu bedenken ...“ – „Man könnte glauben ...“ Möchte, meinte, wäre, könnte! So viele Möglichkeitsformen und so selten eine Aussage. Warum reden die Leute so und handeln entsprechend unentschieden? Verrät die Sprache vielleicht eine Haltung? Ist das eine gute Art, mit den Menschen und mit Gott zu sprechen und umzugehen?

Gott im Konjunktiv – Gott nur als Möglichkeit.

Sie haben es sicher auch schon erlebt, daß einer bei ganz simplen Fragen über ganz einfach zu beantwortende Dinge mit höchst vorsichtigen und gestelzten Möglichkeitsformen Sie (Hörer, Zuschauer, Leser) verärgerte. „Ich würde meinen ..., ich möchte sagen ..., es wäre zu bedenken ...“ Ein Sprachjargon, der kam und wieder gehen wird? Oder: Schwäche, Angst vor klarer Aussage? Oder nur Vorsicht? Vielleicht die wissenschaftliche Art zu fragen? Gewiß, mit Zweifeln und Fragen arbeitet jede Wissenschaft. Alles ist „fragwürdig“ und wird „hinterfragt“. Selbst die Ergebnisse der Wissenschaft behalten ein Fragezeichen. Für viele Wissenschaftler gibt es nur Hypothesen, das heißt: selbst Nobelpreisträger könnten nichts anderes als Behauptungen aufstellen. Und das sei für die Wissenschaft eine nützliche Methode, daß man also hinter alles immer noch ein Fragezeichen setzen müsse. Warum reden die Leute so? Mit solcher Unsicherheit ließe sich doch gut leben, so wird behauptet. Vielleicht braucht man dann sich nicht so klar zu entscheiden, wenn man auf Distanz lebt und auf Distanz spricht? Also doch nicht nur eine Sprach-Mode, wenn man immer wieder hören muß: „Ich möchte – könnte – meine – es wäre möglich – würde – wahrscheinlich – dürfte in Frage kommen“. So redet der vorsichtig gewordene, wissenschaftlich geschulte, auch ängstliche und manchmal bequeme Mensch von heute. Nichts ist ihm sicher. Nichts will er als gesichert abschließen.

Gerade von Gott also müßte man so vorsichtig sprechen. Von ihm wissen wir sehr vieles nicht, und selbst das wenige, das uns offenbart wurde, läßt Fragen offen. Romano Guardini spricht es offen aus: „Es ist mühsam, o Herr, mit dir. Allzuoft geht unser Blick ins Dunkel ... allzuoft sprechen wir ins Stumme und stehen im Leeren" (Theol. Gebete 55). „Du bist verhüllt, unser Blick ist gehalten und unser Herz verwirrt. Du entschwindest unseren Augen, und dein Licht wird zur Unzugänglichkeit, in die wir nicht eintreten können. Du entziehst dich unseren Gedanken, und zu allem, was wir von dir sagen mögen, sprichst du: Das bin ich nicht. – Aber wir ahnen dich überall, o Herr. In dir ist die Antwort auf alle Fragen. Du bist uns vertrauter als der nächste Mensch" (ebd. 24). Guardini begnügte sich nicht, in der Möglichkeitsform von Gott zu sprechen. Fragen schienen auch ihm berechtigt, er ist ihnen selber nachgegangen. Und doch war ihm Gott nicht nur eine Möglichkeit, sondern eine Wirklichkeit ganz nah seinem Herzen.

In einem Roman rechnet ein russischer Bauer mit der Möglichkeit, daß es Gott gibt: „Vielleicht möchte Gott doch dasein!" Er kalkuliert Gott ein. Er war raffiniert, aber gläubig war er nicht, und sehr menschlich auch nicht. Denn so kann man weder mit Menschen noch mit Gott umgehen, so im Konjunktiv: „Es wäre ja möglich, daß du mich liebst ..." – „Es könnte ja sein, daß du recht hast ..." – „Vielleicht gehen wir ein Stück Lebensweg miteinander, bis, ja bis ich es mir anders überlege ..." Manchmal muß man, trotz aller Fragen an einen Menschen und an Gott (oder gar an seine Kirche), auf die Möglichkeitsform verzichten und es mit einer Zusage und Aussage versuchen. Statt:

„Ich möchte meinen, daß ich dich liebe" – „Ich liebe dich." Statt: „Es könnte sein, daß ich dankbar sein sollte" – „Ich bin es." Anstelle von: „Ich würde gern mit dir reden" – „Ich rede zu dir!" Für: „Ich könnte ja mal wieder beten" – „Ich sage dir Dank. Ich bitte dich." Statt: „Du könntest es mit mir versuchen" – „Du tust es ja schon jetzt."

11

Henri Matisse

Der Maler, einer von den sogenannten „Wilden“, den „Fauves“, bekommt Besuch. Er ist krank. Auf der Bettdecke und auf dem Boden ringsherum häufen sich die Zeichenblätter. Sie tragen Gesichter, die einander ähnlich sind wie von Brüdern. Matisse, damals schon über achtzig, zeichnet unbekümmert weiter. Er schaut nur kurz zu dem fragend umherblickenden Gast hinauf und meint: „Damit ich es kann, wenn ich es brauche.“

Er hätte ein Schläfchen machen können und die Hände in den Schoß legen. Ein berühmter Mann. Keine Geldsorgen. Aber er zeichnet Skizzen für ein Bild, von dem er noch nicht einmal das Thema weiß und für das er keinen Auftrag hat. Er übt sich für den Fall, daß er wieder aufstehen kann und malen darf. In der Kapelle von Vence hat er dann noch ein einziges Mal gemalt. Er meinte, daß ihm dort, trotz aller Unvollkommenheiten, sein Meisterwerk gelungen sei. Vorbereitet wurde jenes Werk der Kapellenwand auf dem Krankenbett. – „Bereit sein ist alles!“ Für wen soll ich mich bereiten, was sollte ich üben?

Auf freier Strecke mache ich manchmal eine Vollbremsung, damit ich sie kann, wenn ich sie einmal unvermutet brauche. – Buben auf dem freien Platz vor meinem Haus zielen immer wieder auf ein mit Pullover und Schulranzen angedeutetes Tor und üben Elfmeter-Schießen. Damit sie es können, wenn sie es brauchen. Lohnt sich denn die große Mühe? Sicher werde ich einmal glücklich sein, geübt zu haben. Blechschaden, Krankenhaus bleiben mir erspart. – Ein gelungener „Elfmeter“ könnte ein Spiel entscheiden, vor dem Abstieg bewahren, kann Tausende begeistern.

Matisse ging es „nur“ um Kunst: Gesichter, auf der Bettdecke gemalt, der Kreuzweg in der Kapelle. Er malte lange zuvor auch einen Pflaumenbaum, einen kleinen, schmalen, blühenden Baum und auf einem anderen Bild das Mädchen in gestrickter Bluse. Betrachter urteilen: „vollkommene Bilder", Künstler meiden seitdem diese Themen! Er hatte zuvor studiert und übte sich bis ins hohe Alter. „Damit ich es kann, wenn ich es brauche." In Matisse begegnet man einem Genie, einem Meister, der als experimentierender, sich übender Mensch Schüler blieb. Er blickte umher, er probierte sich immer wieder neu, er gab nicht auf. „In experimentis volvimur" sagt Augustinus und erweitert für uns alle, was von dem Maler Matisse berichtet wurde: Wir leben von einem Versuch zum anderen.

Wie viele Menschen nähern sich nicht einmal mehr ihrer Welt, schon gar nicht den Menschen, dem Tod und Gott? Sie üben sich nicht ein auf diese entscheidenden Stunden der Begegnung. Andere aber behaupten, man dürfe den Tod nicht aus dem Auge verlieren, ja könne das Sterben üben. „Generalproben" würden veranstaltet zur letzten Korrektur und „Vorboten" gesandt, die man empfangen oder mißachten könne.

Was wäre zu üben? Die Wahrheit, die Liebe müsse man einüben, sagt Paulus (Eph 4,15). Und Petrus meint, bereiten müsse man sich darauf, jederzeit für den anderen einzutreten (1 Petr 3,15). Dem Menschen, der sich so bereitgemacht, sich eingeübt hat, eröffnet Jesus mit den „klugen Jungfrauen" den Zutritt zur Hochzeit (Mt 25,1 ff).

12

Die Zehn Gebote

Eine Antiquität oder geltendes Recht? Schon lang außer Kurs, wie etwa das „Gesetz des Hammurabi", der „Code Civil" von Napoleon oder das „Preußische Landrecht"? Rechtsgeschichte, aber nicht Rechtsangebot im Sinn einer Lebenshilfe? Überflüssige Einengung unserer Freiheit?

Wir empfinden uns allzusehr fremdbestimmt und legen doch soviel Wert auf Selbstbestimmung! Ein Journalist beklagt sich: „Du sollst das Trinken lassen, du sollst das Rauchen lassen, du sollst das viele Essen lassen, du sollst dich regelmäßig untersuchen lassen, du sollst dich im Auto anschnallen, du sollst nicht an der falschen Stelle parken, du sollst nichts wegwerfen, du sollst nicht händchenhaltend vom Waldweg abweichen, du sollst keiner radikalen Partei angehören, du sollst dich nicht darüber aufregen, daß du immer sollst..." Vielerlei Gebote bedrängen uns und widersprechen sich von Land zu Land, fast von Regierung zu Regierung, dienen mancherlei Ideologien. Sie werden ständig auf die jeweilige Moral und Situation angepaßt. Die Verwirrung ist nun so weit gediehen, daß die Angst vor totaler Richtungslosigkeit wächst. Man ruft nach den Zehn Geboten. Der Journalist Thilo Koch gab ein viele hundert Seiten dickes Buch heraus: „Die Zehn Gebote heute".

Kennen Sie noch den Wortlaut? Vielleicht brauchen wir eine neuere und bessere Übersetzung? Wichtiger als die sprachliche Übersetzung erscheint mir die geistige in das Leben des 20. Jahrhunderts. Ein Freiburger Theologe hat es versucht. Professor Alfons Deissler gab seinem Büchlein als Titel die Präambel, den ersten Satz der Zehn Gebote: „Ich bin dein Gott, der dich befreit hat".

Den Älteren vielleicht mehr eingetrommelt als eingepflanzt, sind sie inzwischen fast vergessen. Dabei sind die Tafeln der Zehn

Gebote mehr als ein Denkmal, das unter Schutz gestellt werden müßte, unsere Aufmerksamkeit und Pflege erwarten dürfte. Sie sind eine frühe Magna Charta, so etwas wie eine vorweggenommene UNO-Verfassung, viertausend Jahre vor der Französischen Revolution bieten sie einen Katalog von Gottes- und Menschenrechten.

Aber sie sind mehr als die Weisheit der Völker, als die Summe aller Gesetze. Gegen diese weitverbreitete Meinung trat schon Johann Wolfgang von Goethe an. Er hatte in Straßburg versucht zu promovieren. Die Herren Professoren befanden seine Arbeit als ungenügend. Doch stellte Goethe zwei Jahre später den Grundgedanken seiner Arbeit in einem Buch öffentlich vor. Darin ist zu lesen, wie die Zehn Gebote nicht nur allgemein menschliche Moral ins Gesetz faßten. Sie seien ein ganz besonderes Wort für dieses Volk Israel. Auf dem Buchtitel verschwieg Goethe seinen Namen: „Zwo wichtige bisher unerörterte biblische Fragen, zum ersten Mal gründlich beantwortet von einem Landgeistlichen in Schwaben".

Es möchte nun ein anderer Geistlicher aus Schwaben zwei oder drei Fragen mit Ihnen erörtern. Als erstes: Was ist auch für uns das ganz Besondere der Zehn Gebote? Daß da nicht nur Gesetz und Gebot auf Stein oder Papier dem Menschen vorgestellt wird, daß hier ein ganz persönliches Angebot gemacht wird, eine Art Bündnis in Kraft tritt. Bündnispartner ist jener Gott, der von sich sagen kann: „Ich bin *dein* Gott, der dich befreit hat."

Jedes „Geistliche Wort" (Titel einer Sendereihe) gerät vielleicht zu einem Ohr hinein und zum anderen hinaus. Die Zehn Gebote blieben im Ohr der Menschheit. Ob auch im Herzen und für den Alltag?

13

Der Taufpate

Mehr Not und Sitte gehorchend als aus freien Stücken treffen Menschen unserer Jahre auf die alten Formen der Liturgie, begegnen ihnen im üblichen Ablauf des Lebens. „Bei Gelegenheit"-Begegnungen mit der Kirche. Diese nennt selbst solcherlei Gottesdienst „Casualien" (Gottesdienst zu besonderen Anlässen).

Man erhält eine Einladung zur Erstkommunion, muß Trauzeuge sein oder eilt zur Beerdigung, in tiefschwarze Gewänder gehüllt, wird als Pate gebeten zu einer Taufe.

Der Taufpate ist einigermaßen verlegen, denn im Augenblick gibt es nichts zu tun. Die Patin trägt das Kind, und die Eltern kommen ihm bei allen Antworten zuvor. Sie besuchten ein sogenanntes „Taufgespräch". Er sieht ein, daß die Eltern tonangebend sein müssen. Auf sie kommt es schließlich an. Im stillen rechnet er nach: Dieser kleine Bub ist sein drittes Taufkind.

(Aus der Statistik: In Deutschland wird fast in jeder Minute ein Kind getauft, pro Stunde etwa sechzig, im ganzen, runden Jahr also nicht weniger als etwa 500000 katholischer und evangelischer Taufen. 99% aller Täuflinge sind Kleinkinder.) Man drückt dem Paten eine brennende Kerze in die Hand. Jetzt weiß er mit seinen Händen etwas anzufangen. Sein Patenkind fängt an zu schreien. Viel mehr als schreien kann es noch nicht, geht es ihm durch den Kopf: kein Wort, kein Glaube, nicht einmal ein Lächeln für den Patenonkel. Seine Zuneigung zu dem Patenkind ist noch etwas unterentwickelt. Warum nur Gott sich mit diesen Kleinen, die so gar nichts zu bieten haben, einläßt? Vor dem Taufbrunnen, angesichts der Frage nach dem Glauben, ist er mit diesem Problem noch nicht fertig. Kann der Glaube der Eltern und des Paten einspringen für den Noch-nicht-Glauben? Offenbar wird das von ihm erwartet. Er hat Angst vor dieser Last, die er tragen soll. Sie liegt ihm recht schwer auf der Seele. Leicht ist das Kind, das er jetzt für kurze Zeit halten darf. Die Mutter steht neben ihm, und er freut sich darüber. Zwar mußte die Taufe etwas hinausgeschoben werden, und einige hielten das für riskant, nun aber kann die Mutter teilnehmen. Wenn das Kind ungetauft gestorben wäre? So ängstlich ist er nicht. Gott ist auch ungetauften Kindern Vater.

Aber eine andere Frage macht dem nachdenklichen Paten Sorge: Lege ich das Kind nicht zu sehr fest durch diese Taufe und meinen Glauben? „Fixiere" ich das Kind nicht allzu stark? Nehme ich nicht eine Entscheidung vorweg, die eigentlich nur der herangewachsene Mensch treffen darf? Aber, wie schnell entscheiden sich doch junge Menschen, wie unbekümmert laufen sie ihrer Erziehung davon! An Freiheit fehlt es ihnen nicht, eher an Menschen, die sie bis zur selbständigen Entscheidung begleiten.

Als er das Kind zur Kirche hinausträgt, sagt er sich, daß es bei dieser einen Begegnung zwischen ihm und dem Kind nicht bleiben dürfe. Wahrscheinlich dachte Gott das gleiche.

14

Das Morgenrot als Flügel

Freude am Leben hat nur ein Mensch, der von einem anderen gesehen, angenommen und geliebt wird. Er kann äußerlich ein schweres Leben haben, vielleicht eine scheinbar sinnlose Arbeit tun müssen, vielleicht sogar aus dem tätigen Leben ausgeschlossen sein, alt oder krank, wenn er sich geliebt weiß, ist das alles leichter zu ertragen. Liebe gibt Sinn. Liebevolle Gemeinschaft bringt Freude. Wir suchen danach. Oft vergeblich. Enttäuscht wird man täglich. Rückzug? Neuer Versuch? Wer gibt die Suche nach dem Menschen auf, nach dem Menschen, der liebt? Wer gibt sie auf, die Suche nach der Liebe?

Ein Mann beschreibt, wie er sich aufmachte und die Liebe fand. Besser, wie er gefunden und überwunden wurde von einem Liebenden. Es ist der Verfasser des 138. Psalms. Ein alter Erfahrungsbericht. Dieser Mensch wurde reicher beschenkt, als ihm lieb war. Umarmende Liebe bedrängt ihn so, daß er kaum fähig ist, das Übermaß der Liebe zu fassen. Ihm geschieht wie vielen, die nur ein wenig Kontakt suchten, ein bißchen Tuchfühlung, etwas Zuneigung und nun die ganze drängende Kraft des Liebenden zu spüren bekommen. Er fühlt sich umschlungen und durchschaut von Gott. Der Mann aus Israel wundert sich und seufzt:

„Herr, du erforschst mich und kennst mich,
du weißt um mein Sitzen und mein Aufstehen,
du verstehst mein Denken schon von ferne.

Du prüfst mein Gehen und mein Ruhen,
du bist vertraut mit allen meinen Wegen.

Es kommt ein Wort mir noch nicht auf die Zunge,
und schon weißt du es ganz, o Herr!

Von rückwärts und von vorn hältst du mich umschlungen,
und deine Hand legst du auf mich.

Zu wunderbar ist mir ein solches Wissen,
zu hoch, ich kann es nicht begreifen."

Man spürt in diesen Worten das große Staunen: Ein Mensch begegnet Gott, und dabei erkennt er sich selbst, begegnet seinem Leben, seinem Dasein in der Welt. Er weiß nun, daß der Mensch in jedem Augenblick seines Daseins von Gottes Liebe umgeben, umfangen ist. Der Mensch hat gefunden, wonach er suchte: einen, der ihn ansieht, der ihn respektiert, der ihn liebt. Sein Gegenüber hat nicht den kalten Blick des Aufpassers, des „Großen Bruders" im Roman von George Orwell „1984". Er schaut dich an mit dem Blick des Liebenden. Du staunst? Aus dem Staunen kann Vertrauen werden, das alle Lebensangst verträglich macht. – Jemand sucht unsere Nähe. Er wird uns unbequem und lästig, weil wir seine Liebe nicht erwidern. Er ist uns überlegen, vielleicht nicht nur an Liebe, an Geist, an Stellung, an Macht? Wir haben uns vergangen gegen ihn? Flucht scheint der einzige Ausweg.

„Wohin kann ich vor deinem Geiste fliehen,
wohin vor deinem Angesicht mich flüchten?

Stieg' ich zum Himmel auf, so bist du dort,
und wollte ich die Unterwelt zum Lager wählen,
bist du da.

Nähm' ich das Morgenrot als Flügel
und wollte mich am Meeresrande niederlassen,

so würde deine Hand auch dahin mich geleiten
und deine Rechte mich festhalten."

Gott aber läßt der Menschheit seit vielen tausend Jahren Freiheit. Er ist geduldig mit mir zeit meines Lebens. Wenn ich also nicht fliehen kann und möchte, werde ich mich stellen und Antwort suchen auf sein Angebot:

„Ich danke dir, daß du so wunderbar mich geschaffen
und mein Wesen dir nicht verborgen war,
als ich gebildet wurde im geheimen,
gewirkt im tiefen Mutterschoß.
Mich sahen deine Augen schon als ungeformten Keim."

Der Mann aus Israel dankt dem Begleiter seines Lebens. Ein weit entlegenes Schicksal? Von dem nur noch eines zu sagen wäre: Geschehen – besungen – verklungen?

15

Am meisten schätze ich an meiner Frau

Auf was für seltsame Dinge die Leute von der Werbung kommen! Sie haben treffliche Einfälle, aber manchmal schießen auch sie daneben. In einer Reihe von Werbesendungen konnte man die Frage hören, die an sich ganz verständig ist: „Was schätzen Sie an Ihrer Frau am meisten?" Ich denke, den verehrten Ehemännern fällt eine ganze Menge ein, was sie hochschätzen an ihren Frauen: daß die eine hübsch ist und die andere fröhlich, jene fleißig ist und diese gut kochen kann, daß sie lebenslustig und gescheit dazu, daß ihre Frauen gelernt haben, zu verzeihen und die Kinder gut zu erziehen.

Es gibt so viele Frauen, die solch erfreuliche Eigenschaften besitzen, und Männer, die darauf achten! Dieser seltsame Ehemann von der Werbung aber sagte: „Am meisten schätze ich an meiner Frau, daß sie meine Hemden so sauber wäscht." So kann eine Werbesendung amüsant beginnen und traurig enden. Traurig wäre es doch, wenn ein Mann meinen würde: „Am wichtigsten ist es mir, daß meine Frau mich versorgt mit Wäsche und Essen, mit Kindern und Gemütlichkeit, mit Vergnügen und Hochschätzung. Das wichtigste, ist, daß ich bedient werde, nicht nur mit sauberer Wäsche, versteht sich." Ob es wirklich solche Sklavenhalter unter den Männern gibt? Ich bin noch keinem begegnet. So töricht scheinen mir Männer nicht, daß sie nicht begriffen hätten, wie wichtig es zwar ist, daß man uns umsorgt, aber nicht weniger, daß wir für andere sorgen. Als ob Männer nur nehmen wollten! Die Verständigeren unter ihnen werden dieses Nehmen und Geben auch nicht wie einen Tauschhandel ansehen, bei dem man rechnet und manchmal abrechnet. Ein freiwilliges Geben und Nehmen, fern von allen Rechenkünsten, ist Ziel ihrer partnerschaftlichen Verbindung. Wertvoll sind ihnen Freiheit, Tüchtigkeit, Nachsicht und Freude, Vertrauen zwischen beiden Partnern.

Erweitern wir die Frage der Werbung, und suchen wir zugleich nach einer schlüssigeren Antwort: „Was schätzen Sie am meisten bei den Menschen, mit denen Sie zusammenleben?" Es könnte also diese Partnerschaft sein, das freiwillige Sichergänzen und Einanderschenken. Dann mag das Zusammenleben einem so wichtig werden, daß es zum Wichtigsten auf der Welt wird. Man sagt „ja" zum Partner, zum anderen Menschen auf den Stationen des Lebens, in allen Verwandlungen seines Geistes, zu seinem jungen und schönen, zu seinem kranken und alten Körper. Man sieht nicht weniger darauf, was der Partner kann, sondern was er ist und wie er sich entwickelt und einen begleitet. Nicht Einzelheiten, irgendwelche Tüchtigkeiten, Accessoires des Lebens scheinen einem dann wichtig, sondern dieser geliebte Mensch. Er ist einem so wertvoll und wichtig, daß sich ein Leben ohne ihn nicht mehr denken läßt. Petrus hat dies erfahren und fragte deshalb den Herrn: „Mit wem sollte ich leben, wenn nicht mit dir?"

Ich wünsche uns allen, daß wir einen solchen Menschen finden und uns erhalten können. Ich würde ihn als das Höchste schätzen. Und wenn er dann noch ein schönes weißes Hemd anhätte, wer könnte ihn von einem Engel unterscheiden?

16

Umgang mit Tieren

Ist dafür nicht Herr Professor Grzimek oder Herr Horst Stern zuständig? Sollte es wirklich in dieser Reihe einen „Platz für Tiere" geben? Inmitten der Heiligen Schrift begegnet man ihnen fast auf jeder Seite: zuerst in der paradiesischen Urform, einige Generationen später der Eselin des Bilam, den Dromedaren der Königin von Saba. Ochs und Esel stehen an der Krippe; ein Löwe sitzt zu Füßen des heiligen Hieronymus, und Vögel halten Zwiesprache mit Franziskus. In einem Gedicht erzählt Bergengruen, wie ein Dackel während der Messe in der Kirche herumspazierte. Hier in Stuttgart lauschte eine Katze der Predigt. Auf den ersten Blick sieht es also aus, als ob der Umgang der Christen mit den Tieren von Anfang an ungestört harmonisch verlaufe. Wollte ich solche Idylle malen, erzählte ich Märchen. Der Umgang der Christen mit den Tieren ist höchst fragwürdig. Wir haben, solange das Abendland besteht, beigetragen zu der Verwirrung und Verirrung im Verhältnis Mensch – Tier.

Wie ist die Lage heute? Widersprüchliches muß berichtet werden: Da sucht ein Kind das ganze Jahr über Löwenzahn für seinen Stallhasen, und dann schlägt der Vater dem „Hasen-Hansele" mit einem Stock ins Genick. – Bei Ausflügen, auf Spaziergängen rundum Begeisterung über Kuh und Kalb, das Reh und den Hirsch. Dieselben Tiere schätzt man gesotten, gegrillt, gebraten, gespickt, garniert auf dem Tisch. – Besorgte Damen zahlen anderseits im Hundebad 25.– DM für Tierkosmetik, und selbige Damen geben dem Bettler an der Tür fünfzig Pfennige.

Wie ich persönlich zu Tieren stehe? Die einen sagen: „Er ist ein Tierfreund", andere: „... ein Hundenarr!" Aber es geht wohl nicht nur um Gefühle, sachlicher betrachtet: um menschlichen, christlichen Umgang mit Tieren.

Empfehlung: Man lasse Tiere sein, was sie sind, Tiere. So akzeptiere man, wie sie sich, und dies doch nicht gegen den Willen Gottes, entwickelt haben. – Im Umgang mit jungen Menschen hat man gelernt, daß sie nicht nur „kleine Erwachsene" sind. Tiere aber werden immer wieder, ihrer Charaktervorzüge wegen, wie die liebenswürdigere Ausgabe des Menschen behandelt. – Erziehungsfehler gegenüber Tieren? Ein Tier übermäßig stark durch Liebe an sich zu binden, ist das nicht eine Form von Egoismus? Was man im Umgang mit den Kindern als Herrschsucht erkannt hat, wird im Umgang mit Tieren, gerade von Tierfreunden, nicht selten außer acht gelassen: Im Tier liebt man oft mehr sich selbst als seinen eigenständigen Partner. Und doch kennen wir einen gemeinsamen Weg. Die Heilige Schrift wird zum Wegweiser: Mensch wie Tier haben ihren Ursprung in Gott. Sie sind für unsere gemeinsame Welt geschaffen. Sie werden durch den einen Heiland erlöst werden. – Wie aber läßt sich damit vereinbaren, daß der Umgang des Menschen mit dem Tier nach wie vor von jenem fragwürdigen Gesetz beherrscht wird: fressen und gefressen werden? Mensch und Tier stehen doch im Dienst füreinander und in Abhängigkeit zueinander. Ihre Ordnung ist nicht nur durch Vorherrschaft des Menschen, sondern auch durch seine Sorgepflicht gekennzeichnet. Vielen Menschen aber ist das Tier, zumal jenes in Käfigen und Ställen, nicht mehr als ein Fleischreservoir. Auch ich werde wohl kaum je ein Vegetarier werden. Dafür esse ich zu gern all diese Köstlichkeiten vom Kalb, Rind und Lamm, dazu müßte ich mich allzusehr ändern. Es wäre mühsam! – Wir sollten wenigstens diese Unordnung schmerzlich empfinden und das fragwürdige „Natur"-Gesetz weiter befragen, mehr noch: den Tag herbeiwünschen, an dem es außer Kraft gesetzt wird.

Tiere sind oft ebenso störend, lärmend, lästig wie Kinder. Manche Hoteliers und Vermieter verbieten deshalb in einem Atemzug den Hunden und den Kindern Zutritt. Aber, wiederum wie die Kinder, gehören sie doch zum Erfreulichsten der Welt, das noch zu überraschen weiß und vielfach ergänzt, was unserer allzu vom Erwachsenen und vom Menschen geprägten Gesellschaft mangelt.

17

Du sollst nicht stehlen

Aus der neuesten Statistik über Straftaten in der Bundesrepublik: Eigentumsdelikte einsam an der Spitze! Zu stehlen, das scheint manchem Bürger so übel nicht, jedoch bestohlen zu werden schätzt keiner. Wer wollte schon unfreiwillig wieder hergeben, was er meist recht mühsam erworben hat? Keiner will auf diese Weise der Wohltäter jener sein, die schnell zu etwas kommen wollen ohne viel Arbeit, ohne geduldigen Einsatz. Eigentumsdelikte lassen einen nicht ruhig schlafen zwischen 2.00 und 5.00 Uhr in der Frühe, beunruhigen Stadtbummler und Geschäftsleute, vertreiben Urlauber.

„Da müßten doch die Kirchen eingreifen. Im Religionsunterricht wirkungsvoller lehren, was schon in den Zehn Geboten steht: ‚Siebtes Gebot: Du sollst nicht stehlen!' – Wofür zahlt man denn Kirchensteuer? Wozu stellt sich der Staat so gut mit der Kirche?" Die Kirche ist kein Betrieb im Dienste des Staates. Keine kirchliche Wach- und Schließgesellschaft.

Die Vorschrift des siebten Gebotes ist zudem ins Kreuzfeuer der Meinungen geraten. Während einer Religionsstunde kann man zum Thema „Eigentum – Besitz – Verantwortung – Schutz des Eigentums" unterschiedlichste Ansichten hören. „Wir klauen jeden Freitag in der Hohlstunde drüben im Kaufhaus" – „Die Studenten haben bei der Frankfurter Buchmesse auch jede Menge Bücher eingesteckt." Einer steht auf: „Ihr könnt andere bestehlen, aber mich nicht!" – „Steuern, das ist auch Diebstahl!" – „Mein Vater schießt mit dem Luftgewehr auf jeden, der über seinen Rasen geht!" – „Nur wer was hat, ist was!" – „Eigentum ist Diebstahl!"

Sie würden gerne widersprechen oder zustimmen? Sie wissen Genaueres? Frau Professor Noelle-Neumann hat neuerdings bis auf die Zahlen hinterm Komma exakt berechnet, wie nach Ergebnissen ihres Instituts der Verfall ethischer Werte in der Bundesrepublik fortschreite. „Stille Revolution“ nennt sie diese lautlose Absage an überkommene Wertvorstellungen. Tendenz fallend für Sparsamkeit, Bescheidenheit, Gewissenhaftigkeit und eben auch: schwindender Respekt vor Besitz. Man horcht auf, nicht zuletzt jene, die es durch großen Fleiß und die lange Zeit günstiger Konjunktur zu etwas gebracht haben. Hilft denn da nicht das siebte Gebot der alten Zehn Gebote vom Sinai?

Es mag überraschen, aber damals wurde in erster Linie der Mensch und nicht irgendeine Sache geschützt. Die Sicherheit des Menschen war diesen Nomaden wichtiger. Sie hatten ja gerade in Ägypten die Sklaverei und die Knechtschaft überstanden. Sie erinnerten sich auch sehr gut an die Geschichte von Josef, der von den eigenen Brüdern seinem Vater fortgenommen und verkauft worden war. Menschenraub, das war damals so aktuell wie bei uns Kidnapping oder Entführung durch Terroristen. Das siebte Gebot schützte darüber hinaus gewiß auch Eigentum und Besitz an Sachen. „Eigentumsfreundlich“ wird das Alte Testament genannt und „realistischer“ als das Neue Testament. Jesus und die junge Gemeinde wirkten als Anwälte der Armen. Sie beziehen eindeutig Position zugunsten der Nichtbesitzenden. Nie aber ist die Rede davon, daß Eigentum Diebstahl sei. Manche nennen gleichwohl den Mann aus Nazaret einen Revolutionär. Er ist mehr als ein Mensch, der alles Alte umstößt. Wer anderseits nur das Alte bewahren und erhalten will, gleicht Jesus nicht. Jesus setzt sich immer wieder für die alten Gebote ein und überholt sie zugleich. Es kam ein Mann zu Jesus und fragte: „Was muß ich Gutes tun, um das ewige Leben zu gewinnen?“ Er antwortete: „Halte die Gebote“. Darauf fragte der (Mann) ihn: „Welche?“ Jesus antwortete: „Du sollst nicht töten, nicht die Ehe brechen, nicht stehlen, nicht falsch aussagen. Ehre Vater und Mutter! Und: Du sollst deinen Nächsten lieben wie dich selbst" (Mt 19, 16–19). Die Zehn Gebote wurden vom Herrn nicht außer Kraft gesetzt. Allerdings ist nun er selbst für das Handeln seiner Jünger Maßstab und Vorbild. Jener Mann folgt ihm nicht. Es heißt: „Als er das hörte, ging er traurig weg, denn er hatte ein großes Vermögen." Nichts sollte er mitnehmen, nicht einmal ein Reisegepäck! „Geh, verkauf deinen Besitz und gib das Geld den Armen ...!"

Man hört es gern, wenn die Kirchen Eigentum gegen Diebstahl zu schützen versuchen, begrüßt wird, wenn sie zugunsten der Armen zum Teilen aufrufen, aber das hört man nicht gern: „... Gib alles den Armen." Ich wehre mich ebenfalls innerlich dagegen und handle gewiß nicht so, wie Jesus es dem jungen Mann geraten hat.

18

Der Randverwandte

Es hatte ihn Mühe gekostet, mit Hilfe seiner Einladungskarte bis zu den reservierten Plätzen vorzudringen. Er dachte: Immerhin bin ich verwandt mit einem der Erstkommunikanten, wenn auch etwas weitläufig.

Selbst in den Gängen stehen Menschen. Sie sind ihm unbekannt. Der Randverwandte war noch nie in dieser Kirche. Irgendwo weiter links müssen seine Verwandten sein. Er fühlt sich recht fremd. Aber dieses Lied kennt er. Eine gute Melodie. Und die älteren Kinder singen es hübsch für die Kleinen. Nun kniet er nieder, dann steht er, er hört und schaut zu. Der Mann gibt sich Mühe. Seinem Erstkommunikanten will er ja keine Schande machen. Er müht sich bei diesem Gottesdienst für *ihn*. Bei mir zu Hause, denkt er, bin ich nur für *mich* in der Kirche. (Manchmal bin ich in der Kirche!) Dann geht er zur Kommunion, und auf dem Rückweg streift er mit einem Blick den Erstkommunikanten. Er freut sich mit dem Buben, aber reicht das aus: „Gottesdienst für einen anderen"? Als er schließlich an seinem Platz ist, möchte er sich auf ein Dankgebet konzentrieren. Es gelingt ihm nur schwer, denn die Kinder lenken ihn ab. Sie sind heute nicht mehr so andächtig wie wir damals, geht es ihm durch den Kopf. Jetzt haben sie sich sogar nach der Kommunion gesetzt, keiner schlägt die Hände vor das Gesicht, wie man uns das beigebracht hatte. Er hatte sich damals gern zurückgezogen in das Dunkel seiner Hände! Aber diese Kinder schwätzen miteinander, und es geht bei ihnen tatsächlich allzu ungezwungen zu. Er weiß nicht recht, ob er über diese Freiheit glücklich sein soll oder sich Sorgen machen müßte wegen der Frömmigkeit dieser Generation. Vor vierzig Jahren waren sie gut vorbereitet worden auf diesen Tag. Auch Angst begleitete sie. Mit der ersten Beichte vor der Kommunion war er nicht zu Rande gekommen. Heute begnügte man sich mit einer kurzen Bußfeier. Ob der Kleine würdig zur Kommunion gegangen war? Bei dieser Frage mußte er unwillkürlich lachen.

Nach der Feier in der Kirche saßen sie beim Kaffee: „Sind alle Katholiken aus deiner Klasse zur Kommunion gegangen?" – „Klar!" sagte der kleine Mann, obgleich das eigentlich nicht so selbstverständlich ist, daß heute Eltern ihre Kinder in den Religionsunterricht schicken und zur Kommunion gehen lassen. Die Eltern des Erstkommunikanten gaben sich Mühe mit ihrem Buben und hatten ihn zum Unterricht geschickt, bereiteten ihm heute ein großes Fest. Was aber würde dann geschehen? Ließen sie ihn dann allein? So war es ihm ergangen. Den Vater hatte er nie wieder in der Kirche nach der Erstkommunion gesehen, die Mutter selten. Seine Geschwister lachten nur mitleidig, wenn er am Sonntag zur Kirche gehen wollte. Der Randverwandte sah sich suchend um nach einem Menschen, der auch in Zukunft mit dem Kleinen in die Kirche und zur Kommunion gehen würde.

Als die Glocken dann am späten Nachmittag zur Dankandacht läuteten, setzte sich der Randverwandte ins Auto. Auf dem Weg nach Hause fragte er sich, ob nicht auch er einen Grund hätte, sich heute zu bedanken.

19

Begegnungen am Palmsonntag

1. Zuschauer – 2. Mitläufer – 3. Begleiter – 4. ... und ein Esel

„Die Jünger gingen und taten, was Jesus ihnen aufgetragen hatte. Sie brachten die Eselin und das Fohlen, legten ihre Kleider darüber, und er setzte sich darauf. Viele Menschen breiteten ihre Kleider auf den Weg, andere schnitten Zweige von den Bäumen und streuten sie auf die Straße. Die Leute aber, die vor ihm hergingen und ihm folgten, riefen:

Hosanna dem Sohn Davids!
Gepriesen sei er,
er kommt im Namen des Herrn.
Hosanna in der Höhe!

Als er in Jerusalem einzog, geriet die ganze Stadt in Bewegung ..." (Mt 21,6–10).

In Palmsonntags-Prozessionen haben spätere Zeiten diese Bewegung, diese Begegnung nachzuspielen versucht. Seit jeher gab es am Palmsonntag so viel zu sehen und zu hören, noch mehr zu bedenken: sie liefen hinterher, sie schauten zu, und sie sangen. Ein Fest zu Beginn des Leidensweges. Heute wie damals keine einmütige Menge: einige schauten und bedachten das, was sie gesehen und gehört hatten, viele blieben schon damals Zuschauer und Mitläufer, einige wurden zu Jesu Begleiter. Im Schnittpunkt aller Begegnungen: Jesus auf einem Esel.

1. Zuschauer vor den Toren

In den Schauspielhäusern verlegt man neuerdings gern die Handlung von der Bühne in den Zuschauerraum. Die Zuschauer, sie mögen mitspielen!

Auch die Kirche wünscht „aktive Teilnahme“ der Gläubigen und pflegt im Gottesdienst die Aktion der Vielen mehr als die Meditation des Einzelnen.

Die Leidenszeit mit dem „Einzug in Jerusalem“ an ihrem ersten Tag, mit den Passionslesungen an den folgenden Tagen, der Erinnerung an das Abendmahl und die Stationen des Leidens bis hin zu Kreuz und Grab, vollends Osternacht und Ostermorgen, diese Tage erwarten nach altem Brauch schauende, hörende, stille Menschen. Nur selten und um so einprägsamer unterbrechen Ruf und Antwort all das, was es zu sehen, zu hören und zu bedenken gibt. Man schaute und staunte an jenem Palmsonntag in Jerusalem. Man fragte: „Wer ist dieser?“ Aus den Scharen kam die Antwort: „Das ist der Prophet Jesus aus Nazaret“ (Mt 21,10–11).

Wenn sie besser hingeschaut hätten auf seine Wunder, seine Art mit Menschen umzugehen, wenn sie besser zugehört hätten, wäre er ihnen dann mehr gewesen als ein Prophet? Sie waren ja zum Hinsehen angeleitet worden durch den Propheten Sacharja und hatten das verheißungsvolle Wort im Ohr. Jetzt hätten sie erkennen, mit eigenen Augen sehen können: „Sieh, dein König kommt zu dir, sanftmütig auf einem Esel reitend ...“ (Sach 9,9 und Mt 21,5).

Damals schon haben viele Leute gar nicht so richtig zugesehen und mitbekommen, was da vor der Stadt und unter den Toren beim Einzug Jesu geschehen war. So auch heute. Einer sagt: „Karwoche? Osterzeit? Das steht bei mir nur im Kalender! Ostern ist etwas für die Kinder. Als Erwachsener kann ich nur sagen: ‚Die Sache – Jesus von Nazaret – zu den Akten!‘“

Dieser wird sich also nicht auf den Weg machen, weil er nicht geschaut, nicht hörte, er läuft nicht einmal mit. Die Begegnung findet nicht statt. Er verpaßt, so meine ich, mehr als Worte und übersieht nicht nur eine beiläufige Szene. Ein Mensch ohne Ostern. „Sie haben Augen, aber sehen nicht. Ohren, aber hören nicht..." (Ps 113).

2. *Mitläufer*

Auf dem Weg zum Stadttor in Jerusalem gab es gewiß auch Mitläufer: „Ich habe mich durch das Leben belehren lassen, es ist am besten, sich anzupassen, mitzulaufen, wo andere auch hinlaufen, mitzuschwimmen auf der großen Woge."

Immerhin hat sie Millionen getragen in der Kirche seit dem 3. Jahrhundert, als sich die Mitgliederzahl der kleinen christlich-jüdischen Gemeinden durch die Bevölkerung der großen Städte vervielfachte und sie zur Weltkirche wurde, wenn das auch kaum anderes bedeutete als die römische Welt, das Kaiserreich.

Die hohe Zahl der Menschen, die aus den Kirchen austreten, zeigt es an: Nun will man nicht mehr mitschwimmen und mitlaufen.

Die Kirchen schrumpfen. Das ist wohl kein „Gesundschrumpfen", wie man mit einem modischen Wort solche Vorgänge schönfärbend nennt. Wir sollten sie bestürmen zu bleiben. Hat nicht jede Familie Mitläufer, Menschen, die getragen werden müssen, weil sie zur Selbstentscheidung nicht recht fähig sind oder nur halbentschlossen sind, schwanken und gestützt werden müssen? Was wird aus ihnen, wenn sie sich von der Gemeinschaft lossagen und diese, erleichtert von einer Bürde, sie ziehen läßt? Für Mitläufer gibt es immerhin noch in der Kirche die Begegnung mit Menschen und mit dem Leid und dem Sieg Jesu, auch wenn sie beides so intensiv nicht erleben und wahrhaben wollen. Sie erreicht aber die Einladung.

3. Begleiter

Auch damals wußte das Volk nicht, wie alles enden würde. Die Leute lebten voller Erwartung. Viele wurden enttäuscht, und aus dem „Hosanna" wurde das „Kreuzige ihn". Die Rufer waren nur kurz in seiner Gefolgschaft, aus der so bald tödliche Feindschaft wurde, am Palmsonntag aber noch Zuschauer von ferne, Mitläufer und Zaungäste auf seinem Leidensweg, ja begeisterte Menschen. Die Begegnung mit ihm wurde ihnen nicht zur Entscheidung für ihn.

Die Apostel hatten eine Vorwarnung erhalten. Sie waren besser vorbereitet. Petrus, wohl auch hier Sprecher der Apostel, lehnte sich gegen das Opfer seines Herrn auf (Vorhersage des Leidens, Mt 16,21 par). Aber noch verließen sie ihn nicht und verrieten ihn nicht, außer dem, der als Verräter wiederkehrte: die Lippen drückte er im Kuß auf seinen Mund. Welche Begegnung der „Freunde"! Noch begleiteten ihn die anderen. Dann aber, so berichtet Mattäus, „verließen ihn alle Jünger und flohen" (Mt 26,56).

Ich bin immer wieder erstaunt, wie lange Menschen bei Jesus und seiner Kirche bleiben, wie sie sich dann aber plötzlich trennen. Manche ohne Rückkehr. Unter ihnen ihm Engverbundene; sie gehen fort, „um endlich mein Leben zu leben ..." – „um Kirchensteuer zu sparen" – „um den ‚Krawattenpriestern' und der deutschen Messe zu entgehen" – „weil ich der Veränderungen müde bin" – „da ich den Anhang des Jesus Christus, die Christen, verachten muß" – „weil für mich unerreichbar bleibt, so zu werden, wie ich als Christ sein sollte" – „weil ich nicht jemand folgen möchte, der so großes Leid und so mannigfaltige Bosheit zuläßt". Geringe und gewichtige Gründe, dem Herrn die Begleitung aufzukündigen?

4. ... und ein Esel

Esel sind beliebt. Sich einen Esel zu halten ist Mode geworden. Aber niemand läßt sich gern einen „Esel" nennen, bis auf jenen Prälaten, den kennenzulernen ein Gewinn war. Der Kölner Prälat Robert Grosche sagt es seinen Freunden in einem Weihnachtsbrief 1937: „Groß ist es, daß Gottes Sohn ... sich von uns Eseln tragen läßt." Solchen „Eseln", diesen tragfähigen, belastbaren, dienenden, begegnete ich gern häufiger. (Unter den Prälaten und anderen hochtitulierten Herren gibt es so wenige nicht von dieser Art.)

Prälat Grosche vergleicht sich mit dem Tragtier Esel wohl auch, weil beiden gemeinsam das etwas störrische Wesen, das sich wehrt, seines Herrn Weg zu gehen, eine Last zu tragen, und sei es die wertvollste und liebenswürdigste. Gottes Sohn hat sich, all dieser Eseleien ungeachtet, uns anvertraut.

Gerade in der Passionszeit fasziniert und erschreckt mich dieses Vertrauen. Er gab sich selbst als Brot in die Hand, im Kelch zum Trank. Er vertraute sich dem Tod an und dem Grab. Jenen flüchtigen Begleitern, manche werden bis dahin wohl nicht viel mehr als Zuschauer und Mitläufer gewesen sein, übergab er seine Botschaft: „Geht hin in alle Welt ..."

Jenen und mir hat er sich anvertraut: „... Groß ist es, daß Gottes Sohn sich von uns Eseln tragen läßt."

20

„Stellt das Recht ins Tor“ (Am 5,15)

Unter dem Stadttor wurden Neuigkeiten ausgetauscht, wohl auch gespöttelt und abfällig geredet, üble Nachrede geführt. War zur Zeit des Propheten das achte der Zehn Gebote vergessen: „Du sollst nicht als falscher Zeuge aussagen ...“? Die Einhaltung des Gebotes hätte für den Juden eine Selbstverständlichkeit sein sollen, nachdem er das Gebot der Liebe als oberstes Gesetz kannte. Nach Christus, so konnte man erwarten, würde aus dem „Soll“ ein „Ist“. Wie wir jeden Tag feststellen können, ist das Selbstverständliche noch nicht das Übliche geworden. Es wird gestohlen, gelogen, getötet, falsche Aussagen werden gemacht. Gerade dieses achte Gebot ist nach unserer Erfahrung nicht überflüssig geworden und als Regel für das Leben heute aktuell: Falsche Aussagen werden insgeheim und in aller Öffentlichkeit gemacht. – Sie werden sich kaum mehr an die Fußballprozesse erinnern, bei denen es um Bestechung, aber dann auch um falsche Zeugenaussage und Meineid ging. Andere Skandale machen heute Schlagzeilen, etwa die Bestechungsaffäre Lockheed. Parlamente, Illustrierte und Gerichte beschäftigen sich damit. Wo steht Gott in diesem Prozeß? Er hält Gericht über die Lügner (Ps 5,7). Immer wieder ermahnt er zur Wahrhaftigkeit: „Fern sollst du dich von der Verlogenheit halten. Wer ohne Schuld und im Recht ist, den bringe nicht ums Leben! Ich lasse den Schuldigen nicht ungestraft. Du sollst kein Geschenk annehmen. Denn das Geschenk blendet und verdreht die Sache“ (Ex 23,7–8).

Wie bei den meisten Geboten erkennen wir „eine Waagrechte“ (zwischenmenschliche Beziehungen werden geregelt) und „eine Senkrechte“ (Gott setzt sein Gebot, seinem Wesen gemäß, für den Menschen). Wer dieses „Fadenkreuz“ nicht erkennt, mag ein scharfsichtiger Beobachter bürgerlicher Gesetzgebung sein, für die religiöse Dimension fehlt ihm der Blick. Ein Menschenrecht wurde zum Gottesrecht erhoben, weil Gott selbst wahrhaftig ist (Jes 65,16) und sich als wahrhaftiger Zeuge für den Menschen einsetzt (Jer 42,5). Jesus nennt seinen Vater den „Wahrhaftigen" (Joh 7,28). Jesus selbst ist unerbittlich gegen die Lügner. Von seinen Jüngern wird Wahrhaftigkeit als etwas Selbstverständliches erwartet: „... legt ab die Lüge, redet Wahrheit" (Eph 4,25).

Ein Schnellgericht ergeht über die Lügner: „Ach Gott, ich danke dir, daß ich nicht so bin wie dieser verlogene ... und seine Kollegen mit der offenen Hand. Ach, wie bin ich froh, daß ich nicht so bin wie diese Lügner, Täuscher, Ehrabschneider, Verleumder ...!"

Ich meine, diese alten Gebote „Du sollst nicht lügen – Du sollst nicht falsches Zeugnis geben", sie gelten für alle, also auch für jene, die jetzt in Zeitungen und vor Gerichten stehen. Diese Gebote gelten ebenso für die Noch-nicht-Entdeckten und die Noch-nicht-Angeklagten. Sie gelten für mich. Wir haben zur Zeit reichlich Anlaß, Klage zu führen über Verlogenheit rings um uns herum. Ankläger haben es nicht schwer. Aber leicht tut keiner, das eigene Tor, will sagen: den eigenen Bereich, von Lüge und Heuchelei und allen Versuchen, besser zu scheinen als zu sein, freizuhalten. Nicht ganz so einfach wird es sein, wenn wir uns vornehmen:

„Ich stell' das Recht ins *eigene* Tor!"

21

Was tun, wenn man aufgeben will?

O nein, ich habe kein Rezept, kein probates Mittel gegen Resignation. Um Selbstaufgabe geht es ja, wenn einer sagt: „Ich mag nicht mehr.“ Ist der Mensch dann geistig irgendwie krank oder etwas schlapp, oder ist das ganz normal?

Resignation hat vielerlei Ursache. Abgesehen von krankhafter Depression, kann sie etwas sein, das jeder Mensch durchmachen muß, ja Resignation kann sogar notwendig sein, aber auch der Anfang vom Ende.

Betrachten wir einen resignierenden Menschen: Sie kennen seinen Namen aus der Bibel, hörten gewiß schon vom Propheten Elija. (Mindert das Ihr Interesse?)

Elija hatte Ärger mit Königin Isebel. Ich verstehe den Zorn dieser Dame, denn Elija hatte die Priester der Königin umbringen lassen. Jetzt will sie den Propheten töten lassen. „Aug um Aug“ und „Priester um Prophet“. Elija flieht eine Tagreise in die Wüste. Das ist nicht sehr weit, aber das Prophetenamt lastet zu schwer. Nun mag er nicht mehr. Er setzt sich unter einen Ginsterstrauch und wünscht sich den Tod: „Nun ist es genug, Herr, nimm mein Leben; denn ich bin nicht besser als meine Väter.“ (Offenbar wollte er zuvor höher hinaus als diese!) Einstweilen überkommt ihn nur Schlaf. Und im Schlaf schaut er einen Engel, der sich um ihn sorgt: „Brot, das in glühender Asche gebacken war. Ein Krug mit Wasser. Steh auf und iß, sonst ist der Weg zu weit für dich!“ Der Engel muß zweimal kommen. Die Resignation lähmt Elija. Dann aber steht er auf, ißt und trinkt, er wandert vierzig Tage und vierzig Nächte, bis er zum Gottesberg Horeb kommt (1 Kön 18).

Was tat also Elija, als er am Ende seiner Kräfte war? Etwas Extremes. (Würden wir so handeln?) Er gibt radikal auf.

Resignation der Müden. Was könnte getan werden? Ich rate,

ein wenig zu pausieren und zu schlafen! Ja – um frisch aufzustehen! Sich hinlegen? Ja – um dann weiterzugehen. Wir wissen, wie schnell sich ein Mensch erholen, regenerieren kann. Auch geistige Methoden der Erneuerung sind erprobt und zudem modern. Seltsam, daß die Fastenzeit als geistig-körperliche Heilmethode so wenig bekannt ist. Würde sich ein Werbefachmann meines Vorschlags annehmen, formulierte er vielleicht: „Mach mal Pause! Schau auf Ostern!"

Resignation als Übergang. Das ist wohl etwas Normales und zuweilen Notwendiges, ähnlich der Trauer und dem Weinen. Fast jeder von uns hat es erfahren. Mein Rat: Wenn ich ein bestimmtes Ziel nicht erreichen kann, dann muß ich zurückstecken, langsam tun. Wir nehmen so unsere Wirklichkeit an. Hatten wir das Ziel zu weit gesteckt, Erwartungen genährt, die unerfüllbar waren? Was nun tun? Resignieren? Eher ein wenig stehenbleiben und sich neu orientieren. Der Prophet Elija war hart getroffen. Er glaubte sich am Ende und wünschte es herbei, ähnlich jenen, denen der Tod als Erlösung willkommen ist.

Ein Engel steht Elija bei. Welche Chance haben wir in solcher Lage? Nach Engeln Ausschau halten! Ein überraschender Vorschlag. Es könnte auch ein Freund sein, denn was bedeutet Freundschaft? Miteinander trinken, reisen, singen, einander schreiben, Pläne schmieden. Ja, das alles! Vor allem aber, sich gegenseitig stützen. – Es könnte auch der Geliebte sein, ein Mensch, der mir zum Engel wird, weil er mir Hoffnung macht, die Hoffnung ist. – Es könnte einer sein, der arm, zerbrochen ist, wie ich selbst. Einer, dem ich dann helfe und dabei selbst zum „Engel" werde. Man sollte nach Engeln Ausschau halten, auch nach denen, die keine Flügel haben.

22

Aber Gott gibt es nicht

„Es gibt den Bodensee. Es gibt den Himalaja. Aber Gott gibt es nicht!“ Dieses Wort stammt von einem Theologen. Aus dem Munde eines Gottesgelehrten schockiert es. Man entrüstete sich auch allerorten über den Theologen, der sagte, was Millionen Atheisten denken: Gott gibt es nicht. Wer Gott leugnet, tut sich meist schwer im Leben. „Es ist leicht, sich als Atheist zu bekennen, und schwer, als Atheist zu leben“: Erfahrung eines Atheisten. Andere machen es sich leichter mit der Frage nach Gott und begnügen sich mit der saloppen Bemerkung: „Gott – habe ich nie gesehn.“ Gott gibt es nicht und also keine göttlichen Gebote. Deshalb akzeptieren sie von den Zehn Geboten nicht einmal die Präambel: Ich bin dein Gott, der dich befreit hat.

Vielleicht wollte der Mainzer Theologe, dessen Ausspruch wir zu Beginn hörten, nur sagen: „Jener Gott, den ihr euch gemacht habt, dieser existiert nicht!“ Wenn er nur sagen wollte: „Ihr habt euch Götzen gemacht, seid Einbildungen nachgelaufen, glaubtet Gott in den Griff zu bekommen, wie irgendeine Sache“? Dieser Mann würde das erste und zugleich ein zweites Gebot gewissenhaft befragen. Im ersten heißt es: „Ich bin der Herr, dein Gott.“ Das andere Gebot: „Du sollst dir kein Bildnis noch Gleichnis machen von dem, was im Himmel droben ist…“

Man wird sich von manch liebgewonnenem Gottesbild trennen müssen. Das gilt auch von neuen, modernen Gottesvorstellungen. Da hat sich neuerdings die Bildrede vom „toten Gott“ verbreitet. Als wissenschaftliche Methode ein interessanter Weg, zu Gott zu gelangen? Wer mit Gott leben möchte und ihn immer wieder von neuem bekennen will, für den ist die „Gott ist tot“-Aussage eine Absage an den lebendigen Gott.

So hat ihn das Volk Israel erfahren: Dieser Gott sprach. Gott forderte. Er gehörte nicht zu den bequemen Göttern, die stumm sind, weil man sie für tot erklärt hat wie weiland in der Französischen Revolution und zuweilen heute in dieser Theologie.

Der lebendige Gott erlaubt dem Menschen nicht, daß er sich selbst zum Gott macht. Er sagt unmißverständlich: „Du sollst keine anderen Götter haben mir ins Angesicht" (Dtn 5,7). Es sind nicht nur die „Größten aller Zeiten" im Boxring oder in der politischen Arena, die sich überheblich zeigen. Manch kleiner Bürger glaubt, in der Familie, im Betrieb und im Sportverein der Größte zu sein. Vielleicht nimmt er Gott noch als „die Vorsehung" oder „das Göttliche", oder „das Schicksal", aber Gott hat für ihn keine Stimme mehr, ist kein Maßstab für sein Leben. In der Praxis heißt es auch bei ihm: „Gott ist tot."

Ich versuche mich nun zu erinnern, wie ich den lebendigen Gott erfuhr: schweigend ... helfend ... führend ... verwirrend ... gebietend ... geduldig ... in Einsamkeit ... wie in der Wüste und im Gebirge ... im Armen ... im andern ... ganz tief in mir?

23

Der Säulensteher

Er stand im Schatten einer jener Säulen, die in modernen Kirchenbauten sehr selten geworden sind. Hier im Hintergrund fühlte er sich wohl. Vorne, am Altar, gingen seltsame, vielleicht sogar wunderbare Dinge vor sich. Das verwirrte ihn ein wenig. Hören konnte er recht gut, was geschah. Eine perfekte Lautsprecheranlage sorgte dafür. Aber er sah fast nichts. Und er wollte auch nicht alles sehen. Ein nicht unsympathischer Mensch. Jetzt war offenbar „Wandlung". Er hörte den Priester an das erste Abendmahl erinnern. Das „Geheimnis des Glaubens", mit dem die anderen recht forsch umgingen, bewegte ihn tief und lähmte ihn zugleich. Er wußte genau, daß auch er eingeladen war. „Mit Dirnen und Zöllnern ißt er", sagte man damals von Jesus. „Eßt alle davon"...„trinkt"...„tut dies zu meinem Gedächtnis...", hört er, aber er tat keinen Schritt zum „Tisch des Herrn". Auch als so viele nach vorne gingen und er sich etwas einsam vorkam bei der Säule, bewegte das alles sein Herz, aber er blieb stehen. – „Ein neuer und ewiger Bund", so hatte er es eben gehört. Jesus hatte sein Leben, seinen Leib und sein Blut eingebracht in diesen Bund mit den Menschen. Er, der Mann hinter der Säule, hatte nichts anzubieten als Fragen, Fehler und seine Unsicherheit. Auf die Fragen fand er keine Antwort, seine Schuld und Sünde hemmten ihn. – „Herr, ich bin nicht würdig...", das war ihm aus der Seele gesprochen, da konnte er zustimmen.

Als nun aber der Priester fortfuhr: „...aber sprich nur ein Wort, so wird meine Seele gesund", da verließ der Mann hinter der Säule seinen Platz und ging hinaus.

Ich weiß nicht, was aus ihm geworden ist. Aber dies ist sicher: alle Säulensteher werden von Gott gesehen, gerufen, weil sie geliebt sind.

24

Dem Gebet einen Stammplatz

So vieles hat im Ablauf eines Tages seinen Stammplatz. Gerade am Morgen reihen wir Gewohnheiten aneinander, ohne die der Tagesbeginn nicht recht anlaufen kann, wie wir meinen. Wir kämen aus dem Tritt, wenn dieser morgendliche Rhythmus nicht wäre. Da mag jeder seine eigene Art haben, Wichtigem und Belanglosem einen festen Platz einzuräumen, einen Stammplatz!

Mein Vorschlag: Gebt dem Gebet seinen Stammplatz.

Darf man denn das Gebet so in einem Atemzug nennen mit dem Gähnen und Zähneputzen, gleich neben Zeitung und vergleichbar mit dem mehr oder weniger flüchtigen „Guten Morgen"? Gemeinsam diesen Gewohnheiten: Es ist „meine Musik am Morgen"! Ohne diesen Auftakt gibt es bei mir keine Melodie, ohne diese guten Minuten keinen guten Tag. Hat das Gebet hier einen Platz? Nicht daß jedem jedes Morgengebet leicht und gut gelingen würde. Diese Startversuche sind fast durchweg, wer wüßte das nicht, ziemlich mühsam. So auch die Gebete am Morgen. Alles ist noch tastend und im Versuch, ein Experiment. Erst halberwacht, finden wir schwer zum anderen, zu den Realitäten, meiden den mühsamen Gedanken an Gott. Ist er denn überhaupt etwas ganz Wirkliches oder gar ein persönliches Gegenüber? Dann jedenfalls wäre der fromme Morgengruß eine Selbstverständlichkeit. Der Glaube an den persönlichen Gott und das Gebet gehören ja sicher zusammen. Wer so glaubt, wird bald beginnen zu beten.

Zum Trost für jene, die sich für Randchristen halten: So gläubig sind die Gebete der „Gläubigen" nicht, und so leicht fällt ihnen das Gebet gerade am Morgen keineswegs. Da gibt es weitverbreitete, ganz überkonfessionelle Schwierigkeiten und Gegenargumente: „Ich habe keine Zeit." An diesem Einwand brauchen wir uns doch nicht lange aufzuhalten? Wer keine Zeit hat, nehme sie sich! Eine Frau erzählte: „Ich bin in der Familie der Wecker vom Dienst. Wenn ich selbst aufgewacht bin, gönne ich mir noch drei Minuten, bis ich die übrige Familie aus den Betten treibe. Diese Minuten sind für mich wichtig. Ein Atemholen der Seele. Ich mache es etwa wie die Sportler vor ihrem Start. So habe ich Zeit, weil ich sie mir nehme, und meist gelingt es mir zu beten. Da vertraue ich mich Gott an. Es kommt durchaus vor, ja ist die Regel, daß ich sicherer werde, glücklich bin." – Oder aber jener Einwand: „Ich bete nur, wenn ich Lust dazu habe!" Aber sollte so Wichtiges nicht unabhängig sein von Lust und Laune? – „Ich möchte kein Gewohnheitsmensch sein, schon gar nicht beim Gebet!" Unsere Worte haben jeden Tag einen anderen Klang, der Glaube wächst oder kümmert, die Anlässe wechseln, wir stehen dem Menschen und Gott verändert gegenüber von Tag zu Tag, beim „Guten Morgen" und beim Morgengebet.

Das Gebet könnte so lauten:
„Okay, Lord. In Ordnung. Ich habe keine Lust zu beten.
Abhängig bin ich von meiner Müdigkeit.
Abhängig auch von dir.
Von allen Abhängigkeiten ist das mir die liebste.
Ich merke fast jeden Tag, wie ich dich brauche.
Durch dich komme ich über mich selbst hinaus.
Wenn ich an dich denke, weiß ich besser,
daß dieser Tag sinnvoll werden kann.
Schon recht, Gott, machen wir einen neuen Termin aus.
Morgen früh? Ich gebe dir einen Platz in meinem Leben.
Diesen Stammplatz räume ich dir ein.
Okay, Lord."

25

Ani maamin – Wir glauben

Am 28. Dezember jedes Jahres, jeweils kurz nach dem Fest der Geburt unseres Herrn, steht im Kalender: „Fest der Unschuldigen Kinder". Das bedeutet manchem wenig. Was war aber geschehen? „Herodes gab Befehl, in Betlehem und in der ganzen Umgebung alle Knaben bis zu zwei Jahren umzubringen, entsprechend der Zeitangabe der Gelehrten." So wurde die Voraussage Gottes durch den Propheten Jeremia wahr: „Man hört in Rama ein Geschrei, lautes Weinen und Wehklagen. Rahel weint um ihre verlorenen Kinder und wollte sich nicht trösten lassen" (Mt 2,16f). Auch das wird viele von uns noch nicht sonderlich berühren. Dies Betlehem ist zu weit entfernt. Ich bin nicht einmal sicher, ob die Evangelisten betroffen waren durch das „Weinen und Wehklagen" der Kinder und der Mütter. Das Geschrei ging auch bei ihnen unter in der Botschaft des Engels: „Seht, ich verkündige euch eine große Freude..." Über den unvergleichlich geringeren Freuden der Nachkriegszeit haben wir nun vollends vergessen, was fern von Betlehem im eigenen Land, zu unserer Zeit geschah? Elie Wiesel schrieb den Text für ein Oratorium Milhauds. Der unbekannte Jude hat mich tiefer beeindruckt als der berühmte französische Komponist Milhaud. Im November 1974, dreißig Jahre nachdem all dies geschah, wurde das Werk in Stuttgart zum erstenmal in Deutschland aufgeführt. Da hörte ich, wie „Abraham" sprach: „Sie führten ihre Kinder, die jüdischen Mütter. Die Spezialgebäude von Treblinka und Birkenau standen schwarz hinter ihnen. Sie gehen mit ihren kleinen Töchtern, abgemagert, nackt, nur mühsam ihre Blöße bedeckend. Ängstliche Mütter, unbeholfen. Ich sehe sie und bin krank. Wahnsinnig. Ich entreiße einer Mutter das blauäugige, schwarzhaarige kleine Töchterchen und laufe fort. So weit meine Füße mich tragen. Mit dem Wind. Viel weiter als der Wind. Ich sage mir noch im Laufen: ‚Es hat keinen Zweck! Es ist wahnsinnig. Auch dieses Kind wird nicht davonkommen.‘ Ich laufe. Und weine noch. Noch im Weinen und noch im Laufen flüstert das Kind: ‚Ich glaube, ich glaube an dich!‘“ – Eines der Unschuldigen Kinder von 1944. Das ist lange her. Nicht 2000 Jahre, aber immerhin schon 30 Jahre. Tränen in den Augen, ich schäme mich ihrer nicht, mein Zorn macht es mir schwer nachzudenken. Da hieß es in dem Text des Oratoriums: „Ani maamin – Wir glauben. Wir glauben trotz Treblinka.“ – Ich glaube also trotz des Leides so vieler Kinder, ich glaube trotz so vieler Gemeinheit. Ich glaube trotz meiner Person. – Und noch etwas zum Nachdenken. Ein Kind entging vor 2000 Jahren dem Tode: Jesus. Wie ein zweiter Mose! Dieser der Verfolgung des Pharao, jener dem König Herodes. Welch große Freude, denn dieses Kind, dieses Jesuskind, wurde gerettet und selbst zum Retter der Welt. Aber immer noch sterben sie. Zehntausend an einem Tag. Oder sind es zwanzigtausend? Nicht ermordet. Einfach so an Hunger.

Damals hatten wir es nicht in der Hand, nicht in Betlehem und (vielleicht) auch nicht in Treblinka. Aber heute können wir etwas helfen. Christus wurde in Betlehem gerettet, einige Judenkinder sind ihrem Schicksal in Treblinka entronnen, einige wenige Prozente von allen Kindern in den Lagern. Einige wenige Prozente von den hungrigen Kindern werden es überstehen, wenn wir helfen. Denken wir auch an uns: Werden wir Christen all dies durchhalten, wenn wir nicht gleich jenem Mann, von dem ich erzählt habe, anfangen zu laufen, Kinder an die Hand zu nehmen und zu helfen, selbst wenn es manchmal fast aussichtslos erscheint? Wenn wir so unglaubwürdig werden, wie kann ich mir selbst dann noch vertrauen, wer wird dann noch mir glauben, mir und unserer Botschaft von dem Retter der Welt?

26

Ein ganz besonderes Lächeln

Sie erinnern sich? Japan stand Schlange für dieses ganz besondere Lächeln der Mona Lisa. Zweieinhalb Sekunden oder ein wenig mehr gewährte ihnen die Museumsverwaltung. Paris hatte ihnen die Dame ausgeliehen. Und nun standen sie Schlange. Auch im Louvre geht kaum einer an diesem Bild vorbei. Es wurden Bücher geschrieben über das faszinierende, verlockende, verschleierte, hintergründige, von Leonardo da Vinci der Dame – sofern es eine Dame war – geschenkte Lächeln. Die Kunstwissenschaftler sind dem Lächeln auf der Spur.

So manches kleine Lachen geht unter in dem großen Gelächter dieser Zeit, der Karnevalszeit, dem Fasching, der Fasnet. Was ist der Anlaß für so viel Fröhlichkeit? Kinder können spontan, ohne Grund lachen. Erwachsene brauchen dazu Anlaß und Begründung. Manche müssen sich Mut zum Lachen antrinken, anderen genügt dazu ihre Jugend. Einigen gelingt Freude, sogar trunkene Freude, ohne Rausch und Jugend. Warum einer lacht? Tausend Gründe. Wie einer lacht? Zehntausend Formen. Für die Freude, die aus der Tiefe der Seele kommt, für die Fröhlichkeit, die mehr in den Mundwinkeln steht, für das In-sich-Hineinlachen oder das Herausprusten, wer hat Worte genug, und wem gehen die Farben nicht aus?

Der lachende Christ. Das Märchen, der Christ wäre zum Fröhlichsein nicht fähig und willig, ist unausrottbar. Es sind heute mehr die Nichtchristen, denen der Mißmut im Gesicht steht. Gaudium – laetitia. Vergnügen – Freude. Was steht dem Christen gut zu Gesicht? Über Johannes XXIII. wurde ein Buch geschrieben: „Der lachende Papst". Der Titel lautete nicht: „Der Papst der frohen Botschaft" oder „Der heitere Papst"! Auch in der Kirche darf also gelacht werden. Daß den Christen die Freude ziere, die Fröhlichkeit aber den Kindern und der

„Welt“ zu überlassen sei, ist ein fast ausgestorbenes Mißverständnis.

Von Jesus wird berichtet, wie er weinte, zornig war und bitter wurde, daß er schwieg und traurig war, daß er sich freute mit den anderen und über die anderen, daß er selbst zum Grund der Freude wurde, doch nie wird erwähnt, daß er selber lachte. Der lachende Christus? Die Evangelisten beschreiben nicht, auf welche Art und Weise Jesus froh war. Ihr Evangelium, ihre Botschaft, verkündet den Menschen, warum sie durch Christus froh werden können.

27

Der letzte und erste Tag der Woche

Ohne viel Aufhebens und ganz ohne uns zu befragen, wurde am 1. Januar 1976 aus dem ersten Tag der Woche ihr letzter. Vielleicht ist es nicht gar so wichtig, wo der Sonntag im Kalender steht? Viele tausend Jahre war er siebter und letzter Tag, der Sabbat der Juden. Als „kleines Osterfest" wählten aber die Christen schon vor fast zweitausend Jahren den Beginn der Woche, ihren ersten Tag, zum Sonntag. Er war ihnen Zeichen, daß Zeitwende in Christus stattfand und nach den alten sieben Tagen der ersten Schöpfung die zweite, „neue Schöpfung" ausgerufen wurde.

„Um des Menschen willen ist der Sabbat da!" sagte Jesus und fügte hinzu „... und es ist nicht der Mensch um des Sabbats da" (Mk 2,27). Dieses Wort wird uns begleiten.

Was ist der Sonntag dem Menschen wert? Vielerlei Antwort wird man darauf bekommen: „Der Sonntag ist der langweiligste Tag der Woche!" – „... da schlaf' ich mal aus!" Neunzig Prozent der deutschen Bundesbürger schlafen am Sonntag um acht Uhr. Sie dürfen im Bett bleiben, denn Sonntag ist für sie Ausschlaftag, für andere wird er zum Ausflugstag und Sport- und Gartentag, und schließlich ist er für die meisten Fernsehtag. Sonntag, der freie Tag! Besonders für junge Menschen wird er zum langweiligsten Tag der Woche, für manche Familien der lauteste, denn nie wird so viel gestritten wie am Sonntag, für sehr viele, vor allem für einsame Menschen, ist der Sonntag der schwerste Tag.

In einem modernen Buch über die „Zehn Gebote heute" kann man nun lesen, daß er tatsächlich der Tag der „großen Freiheit" sei und daß zu dieser Freiheit dann gehöre, „zu pennen, huren, fluchen ... und die Chance des Tages: Du darfst dann Gott suchen. Mensch nur du allein." Was wertvoll sein soll am Sonntag, tritt uns so bunt entgegen, daß wir genauer hinschauen müssen.

In der Heiligen Schrift steht das Sabbatgebot. Dort geht es

ebenfalls um Freiheit, um den befreiten Menschen. Der Sabbat ist eine Erinnerung an die Befreiung aus Ägypten. Vor allem ist er das Fest der Ruhe. „Halte den Sabbat, um ihn zu heiligen, wie Jahwe, dein Gott, dir befohlen hat. Sechs Tage sollst du arbeiten und all deine Werke verrichten. Am siebten Tag ist Ruhe (Schabbat) für Jahwe, deinen Gott. Da wirst du keinerlei Werk tun, weder du noch dein Sohn, noch deine Tochter, noch dein Knecht, noch deine Magd, noch dein Ochse, noch dein Esel, noch dein Vieh, auch nicht der Fremde, der in deinen Toren weilt, damit dein Knecht und deine Magd ruhen können wie du. Denke daran, daß du Knecht warst im Lande Ägypten und daß Jahwe, dein Gott, dich herausgeführt hat mit starker Hand und ausgestrecktem Arm ..." (Dtn 5,12–15).

„Am siebten Tag ist Ruhe." Welche Kostbarkeit ist es doch, der Ruhe pflegen zu dürfen. Aufatmen der Seele. Und dem anderen Ruhe gönnen! Der vielgeplagten Hausfrau, und nicht zuletzt sich selbst. Beunruhigend viele Termine jedoch belegen die Stunden des Sonntags: das opulente Mittagsmahl, der Familienausflug, ein Kaffee mit den Nachbarn, das Fußballspiel, der Schrebergarten und abends der Schlummer im Fernsehsessel bei flimmernder Mattscheibe. „... denke daran, daß Gott dich herausgeführt hat mit starker Hand und ausgestrecktem Arm ..." Sonntag also ein Tag der Erinnerung an die Befreiung aus der ägyptischen Sklaverei. Erinnerung an die Befreiung von Sünde und Tod: Sonntag, das kleine Ostern. Wenn die Menschen den Sonntag als Befreiung feiern könnten, würden sie am Werktag weniger belastet zur Arbeit gehen und seltener einen Arzt aufsuchen müssen.

„Halte den Sabbat, um ihn zu heiligen." Machen wir daraus ein Fest! Aber wie verträgt sich Festlichkeit mit Ruhe? Stille kann sehr dicht sein, kann glänzen. In dieser Ruhe sucht man Freunde, Um zu feiern, braucht man Gesichter. Am besten gelingen sie mit Freunden, in der Familie, inmitten der Gemeinde. Seit Ostern ist die ganze Schöpfung auf dem Weg zur Erlösung! Mit ihr sind wir zum Fest geladen.

Als das Sabbatgebot am Sinai verkündet wurde, waren die Juden auf dem Weg. Der Gekreuzigte blieb nicht am Kreuz, der Auferstandene nicht in der Stadt. Er ging seinen Jüngern voraus. Unser Sonntag, immer dem Osterfest ähnlich, wird, ob erster oder letzter Tag im Kalender, zum festlichen Beginn.

28

„Ich rufe dich bei deinem Namen“

Auf Titel werden viele verzichten, auf Spitznamen ohnehin. Aber mit unserem Vornamen und unserem Familiennamen fühlen wir uns angesprochen als Einmalige und Verantwortliche. Sie geben uns festeren Stand im wirren Getümmel der Abkürzungen, Numerierungen und verschlüsselten Bezeichnungen. Keine Hieroglyphen, keine Aussage in Spiegelschrift. Der Name ist Klartext: Ich bin gemeint. Ich werde gerufen. Man nimmt mich ernst.

Namen sind wieder Mode geworden. Mein Freund zeigt den ersten Buchstaben seines Vornamens, ein großes „B“, in Silber versteht sich, mitten auf seinem schweinsledernen Gürtel. Die Damen tragen Initialen auf ihrem Kostüm oder auf der Handtasche. Namenkult? Rückkehr zu der Unsitte, seine Initialen, sei es mit Krone oder ohne, auf alle Gegenstände einzugravieren, aufzumalen, damit zu prunken? Eher eine Rückbesinnung auf die Person?

Deshalb schätzen wir auch Menschen nicht, die unseren Namen immer wieder vergessen. Ich traf einen Herrn, dem ich seit zehn Jahren bekannt bin und der mich bei langen Diskussionen oft schon angriff. Nun fragt er mich: „Wie war der Name?“ Ärgerlich ist dabei nicht, daß er ein schlechtes Gedächtnis hat. Verletzender war, daß er mit meinem Namen auch mich selbst vergessen hat. Ich verstehe es sehr gut, wenn einer sagt: „Wenn man meinen Namen im Betrieb nennt, dann weiß ich: ‚ich bin wer‘! Nicht einer der Großen, aber eben doch ein ganz bestimmter, unverwechselbarer Mitarbeiter!“

Der Name markiert unsere Position in der Geschichte. Er ist vergleichbar mit einem Fähnchen, das man in die weite Landschaft der Geschehnisse steckt. Er ist auch wie ein Nagel, an dem wir unsere Einbildung aufhängen. Wie viele glauben, für Millionen bekannt zu sein, wenn einmal in einer Rundfunksendung ihr Name beiläufig erwähnt oder bei einer Fernsehsendung unter vielen anderen am Schluß notiert wird. Namen stehen hoch, oft allzuhoch im Kurs. Davon profitieren Hochstapler, die mit Namen Geschäfte machen. Dem Namen und Etikett vertrauen viele Menschen mehr als der Person und dem Inhalt. Dagegen steht nicht ganz zu Unrecht: „Namen sind Schall und Rauch." Ich aber freue mich, bei meinem Namen genannt zu werden. Wichtiger jedoch erscheint mir, wer mich so beim Namen nennt. – Ganze Regimenter mögen für Napoleon ins Feuer gegangen sein, weil er sich der Namen der Soldaten erinnerte und mit Respekt jeden nennen konnte. Ein bewundernswertes Gedächtnis eines wahnwitzigen Verführers.

Für mich ist es wichtig, von Gott angesprochen zu sein: „Sei ohne Furcht, denn ich erlöse dich. Ich rufe dich bei deinem Namen. Du bist mein" (Jes 43,1).

Wir alle freuen uns, von den Freunden mit „Hallo" und mit Namen begrüßt zu werden. – Wie glücklich müssen Sie sein, wenn jemand Sie „Vater" nennt. – Wie gern nehmen wir die Namen an, die Liebende für uns erfinden.

Die meisten von uns haben keinen weltweit bekannten Namen. Ihr Name ist kein „Name der Geschichte". Uns reicht es, mit Liebe, Respekt und Bestimmtheit genannt zu werden. Gott tut das. So hört das namenlose Elend auf.

29

Die Chance zu überleben

Darüber besprachen sich siebzig Manager aus allen Industrienationen. Sie holten sich einen Groß-Computer zu Hilfe und fütterten ihn mit den Daten, die unser Leben zu bedeuten scheinen: Daten von Wirtschaft und Gesellschaft. Das Ergebnis war niederschmetternd. Veröffentlicht wurde es in Deutschland bereits im Jahre 1972. Den Herren ging es in erster Linie um Rohstoffe. Der Computer meldete für ihr Vorkommen eine rapid fallende Kurve. Etwas besser die Ergebnisse bei der Nahrungs- und Industrieproduktion. Diese sollen noch weiter ansteigen, dann aber im Jahre 2010 zusammenbrechen. Nach der Vorhersage des Computers nehmen die Zahlen der Bevölkerung dieser Erde zu. In der Mitte des kommenden Jahrhunderts aber verkümmern Lust und wohl auch Kraft der Menschheit.

Computer können sich irren. Zum Beispiel, wenn sie mit falschem Material gefüttert werden. Auffallend aber mag sein, daß ein führender Mann der Wirtschaft, ein Direktor von Fiat, mit seinen eigenen Erfahrungen noch zu alarmierenderen Ergebnissen gelangte: „Die Welt ist bereits im Notstand. Nur will das niemand wahrhaben. Es sind keine Geister der Zukunft, die ich beschwöre, sondern ein Zustand, der bereits existiert... Nach unseren Berechnungen geht es mit der Welt vor dem Jahre 2100 rapide abwärts... wir müssen handeln – sofort!“

Was Wissenschaft, Wirtschaft und die Staaten tun sollen, wird, so hoffe ich, geplant und tatkräftig in Gang gesetzt. Was aber können Christen tun? Erbärmlich wäre es, wenn sie abseits stünden und voll Schadenfreude sagten: „Die alternde Menschheit bringt Früchte hervor wie ein schlechter Baum. Der Abfall vom Glauben und der Kirche mußte ja die Welt verderben!“ Wenn es also dieser Welt so übel ergehen wird, daß sie jetzt schon wie im Koma liegt, muß man doch helfen! Da kann man sich nicht rechthaberisch gebärden und sich damit begnügen zu sagen: „Die Welt ist alt, lassen wir sie sterben!" Teilhard de Chardin erkannte dies als die eigentliche Gefahr, daß sich nämlich der Mensch von heute gegen seine eigene Welt von morgen stelle. Es wäre tatsächlich sehr riskant und unchristlich-lieblos, so zu denken und danach zu handeln. Wo ist Liebe mehr gefordert als am Krankenbett, und sei es am Krankenbett der Welt? Kein Fremder liegt darnieder, wir selbst haben diese Welt zu einem weltweiten Krankenhaus gemacht. Wir selbst sind eingeliefert worden oder werden es morgen. So sagt es wenigstens der Computer.

Was hat Gott mit uns vor? Von Gottes Absichten weiß man nicht viel, von seinen Terminen noch weniger. Den Tag des Weltunterganges, des Vergehens aller Menschen, im Kalender ankreuzen zu wollen, wäre dies nicht Hybris, vermessener Stolz oder eine Art „Lust am Untergang", weil man ein wenig pervers ist?

Carl Amery sieht für uns noch eine Chance. Seine Vorschläge in dem Buch „Das Ende der Vorsehung" wären nur in einer Welt möglich, die mit einer biblischen Tradition bricht. Juden und Christen, in ihrem Gefolge fast alle geistigen und politischen Strömungen der Geschichte, hätten sich schuldig gemacht. Man habe sich die Welt „untertan" machen wollen und sie dabei verdorben. Mit dem Segen Gottes und in seinem Auftrag hätte man die Welt ausgebeutet fast bis auf die letzte Tonne Kupfer und den allerletzten Kanister Benzin.

Tatsächlich steht im ersten Kapitel der Heiligen Schrift: „Erfüllt die Erde und macht sie euch untertan, herrscht über die Fische des Meeres, über die Vögel des Himmels und über jedes Lebewesen, das sich auf Erden regt..." (Gen 1,28). Es heißt dort: „Als Gott sah, was er gemacht hatte, fand er es sehr gut ...“ (Gen 1,31). War das ein guter Auftrag? Kam es da nicht zu einem Mißverständnis, einem Hörfehler, der die Welt auf Katastrophenkurs lenkte? Haben da nicht Jahrhunderte nur herausgehört: „herrschen“ ... „macht euch untertan“? Waren das nicht Worte eines Vokabulars, einer Gesellschaft, die nichts weiter kannte als den Herrn und den Untertan?

Anders jedenfalls verstand der fromme Jude den Herrn und die Herrschaft. Für ihn sind Gott und alle Herren der Welt Sorgende. Sie gönnen den Tieren und dem Nachbarn und den Knechten am Sabbat Ruhe. Sie erlassen die Schulden. Sie stehen ein für alles, was ihnen anvertraut wurde, und pflegen es. – Anders verstand der heilige Franziskus Tiere und Vögel: meine Brüder. Mit ihnen spricht er von Gott. Vor ihm war es der Apostel Paulus, der die Seufzer der ganzen Schöpfung nach Erlösung vernahm (Röm 8,22). Von Johannes wird sie ihr verheißen und von ihm geschaut. Was Gott mit der Schöpfung vorhat, schreibt er nieder: „Siehe, ich mache alles neu“ (Offb 21,5).

Unsere Väter wußten also schon von ihrer Sorgepflicht. Wir Söhne und Töchter haben kaum eine Überlebenschance, wenn wir uns darauf nicht von neuem besinnen und sorgfältiger und in der Tradition der Bibel mit anvertrautem Leben umgehen, wenn wir uns nicht brüderlicher erweisen in dieser Welt.

30

Kinder – Eltern – Ältere

Davon spricht man überall: Kinder brauchen Liebe und Fürsorge. „Nestwärme" – „ungestörte, unmittelbare Beziehung zwischen Eltern und Kindern" werden gefordert. Entscheidend seien die ersten Jahre: Startfehler verursachen Dauerschäden! Viele Fragen aber bleiben noch offen, wenn es um ein gutes Verhältnis zwischen Eltern und Kindern geht. Zum Beispiel: Wie lange brauchen Menschen Liebe? Auch dann, wenn sie selbständig wurden? – Zum Beispiel: Was bedeutet Autorität, ihr Mißbrauch, ihr Schwinden für Kinder und Eltern? Ein ganzer Katalog von interessanten und wichtigen Fragen. Es ist nun keine schlechte Methode, einmal die übliche Fragerichtung umzudrehen. Statt zu fragen: Was brauchen die Kinder? nun: Was haben die Eltern nötig? Das vierte der Zehn Gebote gibt darauf teilweise eine Antwort: „Du sollst Vater und Mutter ehren." Solches verstehe sich doch von alleine! Aber ist das Selbstverständliche auch das Übliche? In bewundernswerter Weise ist dem weithin so. Wie dankbar sprechen viele alte Eltern von der geduldigen Fürsorge ihrer Kinder. Wie bewährte sich in Familien eben dann herzliche Zuneigung, als eine Krise kam (Arbeitslosigkeit, Verlust oder Minderung der Arbeitsfähigkeit, Krankheit oder Tod). Die Nachsicht mit falsch handelnden Eltern wächst, weil die Einsicht, daß keiner vollkommen ist, sich herumgesprochen hat. Junge Menschen, die selbst beachtet und geachtet sein wollen, erkannten, daß auch ein unvollkommener älterer Mensch Achtung verdient. Noch wichtiger ist ein Lernprozeß, in dem wir stehen: Ältere mögen Respekt und Achtung fordern, beides aber ist für sie weniger Recht als Arznei.

(Anmerkung zur Zählung der Gebote: Die reformierten Christen sprechen hier vom fünften Gebot, die evangelischen und katholischen vom vierten. Am Inhalt des Gebotes ändert das nichts.)

Nun zu den Klagen und Fragen. Wird das vierte Gebot nicht mißverstanden: es fordere den Gehorsam der Kinder! Das Gebot hat gewiß nicht den Gehorsam der Kinder, sondern die Ehre der Eltern, ja der Älteren im Sinn. Aber das Hinhorchen auf die Eltern und auch das Gehorchen gehört wohl zum Respekt. Wo allerdings jemand sich Gehör verschaffen will, wird er selbst zuhören. Einem absoluten Gehorsam gegen Vernunft und gegen Moral widerspricht Christus selbst, indem er sich Abstand zur Familie schafft. Ihre Pläne und seine eigenen strebten auseinander.

Von den Kindern wird etwas eigentlich Selbstverständliches erwartet: Respekt vor den Eltern und den Älteren. Für sich selbst erhoffen sie das gleiche. Sie brauchen diesen Respekt schon als Kinder und später nicht minder als Erwachsene.

Auch der ältere Mensch bedarf der Achtung heute mehr denn je, da seine Würde allzusehr nach seiner Leistung und Potenz gemessen wird. Er braucht also diese Hilfestellung der Jüngeren, auch wenn er es selber manchmal nicht wahrhaben will.

31

Der Mann mit dem Kranz

Er stand bei den anderen Kranzträgern im Schatten mächtiger Tujas. Das tat ihm gut an diesem heißen Tag. Seine schwarzen Lackschuhe schmerzten etwas. Er wollte bald nach Haus zurück in seinen Garten. Aber jetzt fing der Geistliche erst mit seiner Ansprache an. Der Mann mit dem Kranz überschlägt kurz, wie alles aufeinanderfolgen wird: zuerst die eigentliche Beerdigung, dann dachte er, wohl noch einige Ansprachen und Kranzniederlegungen. Seine Ansprache hatte er im Kopf und sicherheitshalber auch im Hut. Das Requiem hatte er sich gespart. Wozu auch eine Totenmesse vor dieser Beerdigung.

(Zur Erinnerung: „Ich bin das Brot des Lebens. Eure Väter haben in der Wüste das Manna gegessen und sind gestorben. Bei dem Brot, das vom Himmel kommt, ist es so, daß man davon ißt und nicht stirbt“: aus der Totenmesse.)

Er nahm das kleine Bild in die Hand, das man am Eingang des Friedhofs verteilt hatte. Auf dem Foto erkannte er den Verstorbenen nicht. Er stand ihm nicht sehr nahe und kannte ihn kaum.

(„Wir danken dir, heiliger Vater, denn du hast uns nicht verlassen; dein Sohn hat unsere Schuld auf sich genommen und ist für uns am Kreuz gestorben. Er hat den Tod bezwungen, mit ihm werden auch wir zum Leben auferweckt“: aus der Totenmesse.)

Der Kranzträger hörte, wie der Pfarrer sagte, daß die Anverwandten und die Arbeitskollegen ihm helfen sollten, dem Toten gebührende Ehre zu erweisen und die Hinterbliebenen zu trösten. In dieser Stunde begleite den Verstorbenen auch das Gebet um Vergebung seiner Sünden. Als der Pfarrer schließlich verkündete: „Ich bin die Auferstehung und das Leben...“, brummte er vor sich hin, obgleich er ein wohlerzogener Mann war. Denn: wer kann das schon sagen: „Ich … ich bin die Auferstehung"? Vielleicht eben nur einer?

Es ging dann alles ziemlich schnell. Er verhaspelte sich nicht einmal bei den wenigen Sätzen seiner Rede. Als er zwei Stunden später in der Gärtnermontur und ohne Schuhe in seinem Garten stand, dachte er nicht mehr an Beerdigung und Tod, an den Trost aus dem Glauben, sondern nur noch an Radieschen und Zwiebeln.

32

Gott wird dasein

In kaum einer anderen Sache von Rang sind wir uns so einig. Man darf erwarten: „Ja, so ist es – dem stimme ich zu!“ Und doch liegt diese uns gemeinsame Sache wie ein Schatz verborgen und vergessen im Leben vieler Menschen: Gott ist da. Er ist wirklich ein lebendiger Gott. Viele werden wiederum sagen: „einverstanden!“ Aber wenn ich nun hinzufüge, daß Gott da ist, gleichgültig ob wir dem zustimmen, ob wir zu ihm rufen, ob wir an ihn glauben, ob wir nach seinem Willen leben oder ganz anders, dann horcht man auf und beginnt zu fragen und zu widersprechen. Gehen wir nicht von der Vorstellung aus, daß des Menschen Glaube oder auch sein Denken, ja sein Schreien erst Gott hervorbringe?

Wie steht es aber um Gottes Existenz, wenn dem Menschen dieser Glaube fehlt? Ein zwölfjähriger Bub kommt zu mir und sagt: „Es gibt keinen Gott, ich glaube nicht an ihn.“ – Ein allerehrenwerter Mann beklagt sich: „Ich höre Gott nicht, er ist so gut wie tot für mich.“ – Ein Sterbender: „Alles gleitet mir aus den Händen, mein Leben und mein Gott.“ Und wenn der Mensch einmal Gott ganz aus den Augen verloren hat, existiert Gott dann nicht mehr?

Gott sieht uns, auch wenn wir die Augen schließen. Gott spricht mit uns, auch wenn wir die Ohren verstopfen. Gott reicht uns die Hand, selbst dann, wenn wir so tun, als ob wir keine Hände hätten. Gott ist immer der erste, er ist das erste Angebot, er hat das erste Wort, er schuf alles, und er ist immer den Menschen ein Stück voraus. Von dieser den Menschen vorauseilenden Existenz Gottes wußte man nicht nur durch die Heilige Schrift. In Delphi, dem griechischen Heiligtum, war zu lesen: „Gerufen oder nicht gerufen, Gott wird dasein.“ C. G. Jung übernahm diesen Satz und setzte ihn über den Eingang seines Hauses. Nicht nur als ein Bekenntnis, mehr zur Gesundung der Menschen dort aufgezeichnet. Ein Satz, der tatsächlich Türen zu öffnen versteht für jene, die aus Verzweiflung über den Menschen sich gegen Gott sperren.

In Jahrhunderten einer anthropozentrischen Tugendlehre der Christen trat dieser Satz von dem in-sich-existierenden Gott zurück. Man legte Wert darauf, bis ins Detail zu beschreiben, was der Mensch alles tun müsse, wie er denken und handeln solle, und vergaß darüber, daß Gott selbst, von sich aus sehr viel ist und deshalb viel vermag. Gott wird nicht durch den Menschen lebendig gesprochen noch für tot gesagt. Gott ist da.

Er wendet sich an den Menschen. So hat es Mose erfahren. Aus dem Dornbusch hörte er eine Stimme, die ihm Namen und Existenz Gottes offenbarte: „Jahwe. Ich bin, der da ist" (Ex 3,6). Gott will mit dem Menschen leben. Er will sich mitteilen. Wenn er spricht, erwartet er Antwort. Er lädt uns ein in die Mitverantwortung. Er handelt an uns: „Jahwe, ich bin dein Gott, der da ist. Der Gott deiner Väter. Der Gott Abrahams, der Gott Israels und der Gott Jakobs" (ebd.). Was in Delphi von den Heiden geahnt, wird durch die Geschichte bezeugt. Nicht alle trauen dieser Geschichte, wenige finden zu einer Antwort auf Gottes Existenz und seinen Ruf.

Was werde ich dem Zwölfjährigen sagen? Ich werde es so versuchen: „Auch wenn du es jetzt nicht glaubst, auch wenn du das heute nicht verstehst, Gott ist da." – Und ein Wort für den Mann, dem Gott ein stummer Gott ist? „Gott hört Sie, auch wenn Sie ihn nicht hören." Vielleicht kann man solchen Menschen einen Satz von Simone Weil zusprechen: „Die Seele muß fortfahren, ins Leere hinein zu lieben, oder zumindest zu wollen, sei es auch nur mit dem winzigsten Teil ihrer selbst. Dann, eines

Tages, naht sich Gott selbst und zeigt sich ihr..." – Zum Sterbenden: „Ich halte Ihre Hand. Auch Gott wird Sie nicht verlassen. Gott will unser Leben, auch wenn er für Sie wie tot ist."

Allen Menschen, „die noch fern von ihm sind" (Hochgebet der Messe), wird man sagen dürfen: „Gott ist da, gerufen oder ungerufen. Gott ist da für Sie und für mich."

33

Masken

Für viele so notwendig, so üblich wie Krawatte, Hosenträger und Spazierstock. Man trägt Maske nicht nur an Fastnacht. Woher die Freude am Mummenschanz? Altes Erbe strudelt an diesen Tagen an die Oberfläche. Was den Menschen von jeher im Blut liegt, steigt empor, was den Alten heiliger Ernst war, wird jetzt zum Spiel, und aus den Requisiten für religiöse Tänze, den Masken, werden Larven aus Seide und Nasen aus Pappmaché. In Masken zeigten sich früher die Götter, freundliche und böse, heute verbergen sich hinter ihnen die Menschen, vergnügte und traurige. In den geschnitzten und gemalten Masken spiegelt sich, was Tradition hat beim Menschen, seine Ängste, seine Freude. Nicht zuletzt das Vergnügen, sich zu verwandeln. „Wenigstens auf Zeit möchte ich ein anderer sein, das Alltägliche abstreifen, die halb aufgezwungene Rolle des seriösen Bürgers wechseln mit einem Narrengewand, ausbrechen aus den Gefängnissen, in denen ich lebe." Der Arme sagt: „Ihr feinen Leute, auch ich will euresgleichen sein." Der Reiche spielt den armen Schlucker, Hunger ausgeschlossen versteht sich. Theater spielen, sich verstecken, sich entdecken, größerer Freiheit nachlaufen und dabei nicht viel riskieren. Der Mann möchte der „Mann seiner Träume" sein, die Frau der „Wunschtraum" der Männer.

So vieles ist in uns verschüttet, gebunden, kommt nie ans Tageslicht. Immer wieder heißt es: „Das tut man nicht. Du darfst nicht auffallen, tanz nicht aus der Reihe!" Dagegen sträubt sich etwas in uns. Es sagt: „Laß mich wenigstens für Stunden einmal der sein, der ich sein möchte, der, den ich noch gar nicht an mir kenne."

Die Maske kann so ernst ausfallen, daß sie zum Lachen ist. Manche lachen, mit und ohne Maske, über sich selbst. Diese sind mir die liebsten Narren.

Die Maskerade hört nicht für alle am Aschermittwoch auf. Rund um das Jahr spielt man Theater. Da trägt einer die Maske des anständigen Biedermanns oder des Edelmanns, oder des selbstlosen Menschenfreundes. Es verbirgt sich hinter einer grandseigneuralen Fassade der kleinliche Mensch, ein egoistischer und gewalttätiger Bursche hinter der liebenswürdigen Larve. Zur Tragödie gerät dieses Spiel, wenn man sich selbst etwas vorspielt. Man ist sein eigenes Publikum.

Und wenn man die Maske abnehmen würde? Erschrecken? Beschämung? Erkenntnis seiner selbst?

Vielleicht ein befreiendes Lachen.

34

Und reichen die göttliche Hoffnung

Eine Kommunionbank in der Bar. Meßgewänder auf dem Sofa. Einen Kelch für den Umtrunk. Alpenveilchen im Weihwasserkessel.

Es geht mir nicht um Gegenstände, auch wenn sie einmal der Schmuck einer Kirche, die Stiftung eines Frommen waren und irgendwann im Gottesdienst gebraucht wurden, die jetzt hohe Preise erzielen ihrer Schönheit wegen oder weil sie „antique" sind. Es geht mir um den Menschen, der die Zeichensprache seiner Ahnen verlernt hat. Man vergißt die Worte einer Sprache schnell, wenn man sie nicht gebraucht. Wer in Gottesdienste zu gehen pflegt, wer sie ein wenig lieben lernte, dem wird ein Kelch mehr sein als ein Gefäß, ein Meßgewand mehr als ein Möbelbezug und ein Weihwasserkessel etwas anderes als ein Cachepot und Übertopf. Dieser Weihwasserkessel aus versilbertem Messing mit getriebenen Blumen, eine Arbeit des 18. Jahrhunderts, mit einem prächtigen Henkel versehen, in welcher Kirche hing er? Die Menschen tauchten ihre Finger in das Wasser und bekreuzigten sich, sprengten ein wenig auf den Boden, und wenn das Weihwasser verbraucht war, so kam der Priester und weihte neues Wasser im frisch gefüllten Gefäß. Auch heute noch verweist das bescheidene Zeichen des Wassers auf hohe Dinge: auf Ostern, die Taufe, den Auferstandenen, auf Erlösung und Hoffnung, auf die Aussendung der Getauften.

Ein Gebet unserer Zeit über das Wasser gesprochen:

„Gott, unser Vater,
wir preisen dich;
denn du schenkst uns Wasser.
Wasser könnte Leben bedeuten.
Wasser könnte erquicken und reinigen...

Gott, unser Vater,
wir preisen dich;
denn du schenkst uns
mit dem Zeichen des Wassers Leben von deinem Leben,
wir könnten befreit werden aus der Macht des Bösen,
uns erlösen lassen zu neuen Menschen.

Ehre sei dem Vater und dem Sohn
und dem Heiligen Geist,
wie im Anfang, so auch jetzt und alle Zeit
und in Ewigkeit. Amen."

Schon im 8. Jahrhundert kennen wir solche Segnungen, vor allem am Sonntag vor der Austeilung des Wassers: „Asperge me..." – „Besprenge mich, Herr, und mach mich rein..." Das Weihwasser erinnert an das Taufwasser. Wer es gebraucht, bejaht von neuem seine Taufe und bittet, daß die Welt in ihrer Vielfalt und der Alltag mit seinen wechselnden Situationen gesegnet werde. Wer von dem Wasser nimmt, könnte sprechen:

„Geboren von einer Frau – getauft in der Kirche – gesandt in die Welt – vollendet das All – vom Vater – Sohn – und Heiligen Geist."

Im Mittelpunkt aller Segnungen steht der Glaube, daß Gott die Quelle alles Segens ist, daß der Ursprung alles Segens Christus ist. Hermann Breucha sagte: „Um die Segnungen der Kirche zu verstehen, ist es notwendig, vor ihrer theologischen Begründung den kosmologischen und anthropologischen Hintergrund zu sehen. Nur wer an die Einheit der Welt glaubt, wird den Zugang zum Verständnis und zum rechten Gebrauch der Segnungen finden. Die Dinge der Welt stehen nicht isoliert nebeneinander wie die vielen Sachen in einem Warenhaus. Sie sind Teile einer großen Ordnung ... Sie sind nicht nur zweckhaft dem Menschen zugeordnet, sondern haben in sich eine Sprache. Sie sind Abbilder und Sinnbilder, sichtbare Zeichen unsichtbarer Wirklichkeiten" (Segnungen 197).

Eine Blume im ehemaligen Weihwasserkessel! Auch sie spricht ihre Sprache, erzählt dem Kundigen von der pflegenden Hand, der Sonne der vergangenen Woche und dem Lächeln der Blumenfreunde. Und das Wasser, das früher einmal das kleine Gefäß füllte? Es spricht vom Leben, dessen Sinnbild es ist, vom Durst der Seele des Menschen, von Beschmutzung und Reinigung, vor allem von der Errettung durch den Geist Gottes, der ausgegossen wurde über den Menschen. Die Getauften bekamen eine göttliche Chance. Sie wurden beim Namen gerufen. Nun könnten sie auf dem Weg sein und Träger der frohen Botschaft, selbst Zeichen der Hoffnung. Charles Péguy spricht davon: „So wie die Gläubigen sich das Weihwasser reichen von Hand zu Hand, so sollen wir Gläubigen uns das Wort Gottes reichen von Herz zu Herz, von Hand zu Hand, von Herz zu Herz sollen wir uns reichen die göttliche Hoffnung ...

Immer weiter der eine dem andern."

35

Wir gehören zu einer Erbengemeinschaft

Wer freute sich nicht über ein Testament zu seinen Gunsten? Einige Male schon beglückte man mich. In der ersten Erbschaft wohne ich, beim Studium verbrauchte ich die zweite, die dritte verschenkte ich. Doch von der vierten, davon sei gesprochen. Ich meine die Erbschaft des Jesus an uns, die Erbengemeinschaft der Christen.

Ein Mann zog die Summe seines Lebens. Alles, was er hatte, wollte er vermachen. Den Erben sollten nicht nur einige Gegenstände bleiben und ein Guthaben auf der Bank. Er selbst wollte lebendig bleiben, seine Art, mit Menschen umzugehen. Sein Einsatz sollte nicht vergessen werden. Einen Tag vor seinem Tod, am Gründonnerstag, ruft er seine Erben zusammen und macht sein Testament.

Alles, was er zu vermachen hat, trägt sein Siegel. Von der Art des Gott-Menschen ist diese Erbschaft: Wort wurde Fleisch, Geist ist Leben geworden. Wahrhaft eine Speise und wahrhaft ein Trank: „Und als die Stunde kam ... nahm er beim Mahl das Brot ... nehmt, eßt alle davon ... er nahm den Kelch: nehmt und trinkt alle ... tut dies zu meinem Gedächtnis."

Was der Mensch hier erbt, ist nicht reiner Geist, sondern eine Erbschaft, die ihm in die Hände gelegt, vor Augen geführt, ins Ohr gesagt wird. Sie nahmen die Erbschaft an und wurden zu glücklichen, doch auch zu verstrittenen Erben. Es sind nicht nur die beiden Kirchtürme, die den Zwist signalisieren. Mich bekümmert auch nicht sonderlich das doppelte und in den Städten drei- und vierfache Aufgebot an hauptamtlichen Dienern der Katholiken, Evangelischen, Freikirchen, Orthodoxen. Verstrittene Erben verwalten getrennt das Erbe, leben vom Erbe verschieden. Tischgemeinschaft brach auseinander ... Die letzten Jahre brachten Rückbesinnung auf Gemeinsames. Man kann wieder beten miteinander. Man sitzt wieder am gleichen Tisch, aber jeder ißt das Brot für sich. Dürfen wir uns damit begnügen? Ein Wort Jesu fordert mehr: „Alle sollen eins sein; wie du, Vater, in mir und ich in dir bin, sollen sie in uns eins sein..." (Joh 17,21). Wie soll es weitergehn? Die Uneinigkeit ist ein Skandal, ein Kreuz. Das Ende des Kreuzwegs, den wir noch gehen müssen, ist nicht abzusehn. Ein Kreuz zu tragen ist christlicher, als es vorschnell beiseite zu legen. Wir kommen nicht an diesem Kreuz vorbei, indem wir alles beim alten belassen oder das Trennende übersehen und überspielen. In einer Erbengemeinschaft kann man sich nicht dies und das an Gemeinsamem wie Rosinen herauspicken, man wird gemeinschaftlich und treu das ganze Erbe verwalten müssen. Man kann aber auch eine Erbschaft überhaupt ausschlagen. Das ist nach dem bürgerlichen Recht möglich. Auch nach dem Kreuz auf Golgota? Dies alles wurde vom Herrn teuer erkauft. Das Testament Jesu vermachte nicht nur ein Fest. Zur Erbschaft gehört auch das Kreuz. Die Apostel und Jünger ahnten schon am Gründonnerstag, was auf sie zukam. Am Karfreitag flohen sie vor der Annahme dieser Erbschaft: „Eine zweifelhafte Sache. Der Mann aus Nazaret machte Bankrott. Soll man seine Erbschaft annehmen oder ausschlagen?" Sie hatten also, wie wir, ihre Zweifel und hatten alle, wie wir, ihre eigenen Sorgen und durchaus eigensinnige Pläne. Aus der Apostelgeschichte wissen wir, wie man die Erbschaft annahm. Die Kirchengeschichte berichtet von einer weltweiten und entzweiten Erbengemeinschaft. Treue zum Erbe bedeutet auch für uns mehr als Verwalten und Weitergeben. Ich bin dankbar, wenn wir nun endlich zu gewissenhaften, gemeinschaftlich wirkenden und Neues schaffenden Erben werden.

36

Wegwerfen – erneuern

Bei den Waren ist das meist geklärt. Sie tragen einen Stempel: „Haltbar bis ...". Manchmal hält sich Milch länger frisch. Bei Waren kann man erstaunliche Haltbarkeit feststellen. Wann soll man etwas wegwerfen? Schon auf Verdacht hin? Manches lebt über seine Zeit, anderes braucht seine Zeit. – Ein Hibiskus auf meinem Fensterbrett war über den ganzen Winter nichts als eine Blattpflanze, hübsch grün. Nun treibt er alle zwei Tage eine dunkelrote, tropische Blüte. Ich hatte es nicht mehr erwartet. –

Wem geben wir also noch eine Chance, noch „ein Jahr", wie es als Frist für den Baum in der Heiligen Schrift erbeten wurde? Geduld mit den Dingen, mit Bäumen, Topfpflanzen und alten Menschen? Etwas, das nicht jedem gleich gelingt. Vielleicht muß man dafür die Art eines Gärtners haben oder reich sein, daß man sich Geduld leisten kann. Also, was tun mit einem Menschen, von dem keine Überraschung, kein Wachstum, geschweige eine Blüte, kaum ein Lächeln zu erwarten ist? Die Wirtschaft hat die ihr genehme Methode: „Wirf's weg!" In der Reklame: „Drei Jahre – neue Tapeten!" Und bei dem funkelnagelneuen Auto ist schon einkalkuliert, daß es verrosten wird. „Immer wieder mal was Neues." Gewiß ist Abwechslung recht beliebt, nicht zuletzt als belebender Wirtschaftsfaktor. Man darf auch erinnern, wie Variationen eine Form der Kunst sind. Der spielende Mensch verändert seine Welt gern, Zeichen seiner ungebrochenen Kraft, seiner Kultur und Freiheit.

Ein gefährliches Phänomen!

Wenn man einen Menschen weglegen würde, auswechselte, nur weil er einem veraltet erscheint: Mensch am Ende? Alle Menschen sind werdende Menschen, auch die älteren. Das Noch-nicht-Sein ist uns charakteristisch, nicht das Perfekt-Sein. Wir sind weder Fertigware noch Wegwerfware!

Was tun, wenn man müde wurde wegen dieses endlosen Nicht-fertig-Werdens bei sich und anderen? In Asien glaubt man, der Mensch werde wiedergeboren. Zur Bestrafung, Belohnung und Vollendung. Christen wissen, daß die Probe nicht länger dauert als das Leben auf der Welt, daß aber der Mensch schon hier wunderbar verwandelt und erneuert werden kann. Was tun also? Den Menschen geduldig wachsen lassen und jener Erneuerung hilfreich sein, dann hat jedes Leben noch eine Chance, den Menschen zu begleiten von diesem zu dem kommenden Leben.

Aber viele halten sich mehr an die Methoden der Wirtschaft. „Wirf's weg". Ehe: „haltbar sieben Jahre". Liebe: „einen Sommer lang". Chansonsänger, Fußballtrainer, Politiker: Man läßt ihnen nicht viel Zeit, und das ist so unvernünftig nicht. Gerade jungen Menschen aber wird man Zeit lassen zu wachsen, und vom alten Menschen akzeptiere man, was er noch kann, was Gott an ihm vermag, und das ist oft mehr, als wir Jüngere ahnen.

37

Bernhard von Clairvaux

Schiller nannte den Heiligen einen Schuft. Warum sollte ich ihn beschimpfen, wenn ich ihn auch manchmal nicht verstehe? Wer versteht schon Heilige? Man nennt ihn den geheimen Papst und Kaiser des 12. Jahrhunderts. Viele lieben ihn bis auf den heutigen Tag: 20. August, St.-Bernhards-Fest.

Fünftausend Menschen versammeln sich Jahr um Jahr auf seinem Berg bei Schwäbisch Gmünd, um von ihm zu hören und ihn zu ehren. Mag anderswo das Fest untergegangen sein im Alltag unseres Lebens, es stehen noch die Klöster des Bernhard von Clairvaux. Hierzuland: Maulbronn, Bebenhausen, Schöntal, Salem, auch Herrenalb, Rottenmünster, Heggbach, Gutenzell und Königsbronn. Im schönen Birnau am Bodensee wirken bis heute die Mönche des heiligen Bernhard. Sonst haben die Zisterzienser den Südwesten Deutschlands verlassen. Der heilige Mann, St. Bernhard, blieb lebendig für katholische und evangelische Christen, vor allem in ihrer Frömmigkeit. Im religiösen Leben erhält durch Bernhard der Mensch als einzelner und fühlender Bedeutung. Diese individuelle, herzerfrischende, warmherzige Frömmigkeit blüht auch in evangelischer Religiosität, zeigt sich bei Martin Luther, wuchert im barocken Lied und Schnörkel, breitete sich bescheidener mit dem Pietismus nicht zuletzt im Schwäbischen aus, erreicht uns immer wieder in den Passionen der Barockmeister bis hin zu Penderecki. Auch der Isenheimer Altar bringt Theologie und Frömmigkeit des Heiligen ins Bild und mit großer Breitenwirkung in unsere Zeit. So wird das 20. Jahrhundert mehr unbewußt als bewußt beteiligt am Leben Bernhards, da wir nach jener Wende leben, von ihr leben, die er bedeutete. Diese Wende wurde für die Entwicklung des geistlichen Lebens so wichtig wie die kopernikanische für das Weltverständnis. Vor Bernhard kannte man Jesus mehr als den

„Herrn", entrückt im goldenen Glanz seines Sieges. Nun entdeckt Bernhard den Menschen Jesus, vornehmlich den leidenden am Kreuz. Er weiß nicht nur von ihm, er spürt im Herzen, was da geschah. Das entspricht seinem Wort: „Glühen ist mehr als Wissen." Und im Blick auf den Gekreuzigten: „Schau ihn an, wie schmutzig sein Gewand, wie er blau von Striemen, mit Speichel bespritzt, im Tod erblaßt ist." Worte, die Grünewalds Kreuzigung skizzieren, ein Vorspiel für „O Haupt voll Blut und Wunden"? Bernhard hat das Subjektive in der objektiven Wahrheit über Jesus entdeckt, verwandt darin Kierkegaard. Er hat den Menschen, Sie und mich, unter das Kreuz gestellt. Seit Bernhard erleben sich Christen nicht nur als Hörende einer christlichen Botschaft, sondern als Fühlende, nicht nur im Gegenüber der Wahrheit und als Schüler einer Lehre, sondern als Menschen in der Wahrheit, als einzelne auch, denen gestattet wurde, dem Gekreuzigten ganz nah zu sein. Die Legende, daß der Herr vom Kreuz herab Bernhard umarmte, spricht davon.

Man mag ihn nicht immer verstehen, diesen Mann, der die Edlen Deutschlands und Frankreichs in den zweiten Kreuzzug rief mit der Behauptung: „Gott will es." Ein widersprüchlicher Mann, der es vermochte, gleichzeitig und erfolgreich einerseits zum Krieg aufzurufen und anderseits der Judenverfolgung im Rheinland Einhalt zu gebieten.

Schiller nannte ihn einen Schuft und wollte kein Wort, keine Tat gelten lassen. Hier irrte Schiller. Es gilt, solche Männer mit großem Herzen wiederzuentdecken.

„Du Trost der Schuld Gestehenden, wie mild bist du den Flehenden,
wie gut den nach dir Gehenden, doch was erst den dich Sehenden ...
Komm, König, hochgebenedeit, du Herr der ew'gen Herrlichkeit,
komm, lasse hell dein Licht aufgehn, um das so heiß die Herzen flehn" (aus „Jesu, das Andenken dein ..." von St. Bernhard).

38

Besuch in einer Ausstellung

Da sind sie also: seine Katzen und Hunde, Stiere wie Menschen, Menschen wie Stiere, Frauen, Kinder, Bordelle, Blumen, Jesus. Jesus und Picasso? Von Kunstkritikern kann man hören, ein solches Thema stelle den Künstlern nur eine formale Aufgabe. Das mag für den einen oder anderen zutreffen, aber unterschätzt, beurteilt gering einen Rembrandt, Grünewald, Chagall, Rouault und ist nicht weniger verfehlt bei Picasso. Tatsächlich überrascht bei ihm dieses Thema. Aber er ist Spanier, und von spanischen Künstlern sagt man, daß jeder von ihnen „seine" Kreuzigung male.

Picassos Gekreuzigter ist ein „Christus in der Arena". Er schuf die Skizze 1959. Christus inmitten einer Stierkampfarena. Der Gekreuzigte hat eine Hand loslösen können vom Kreuz. Mit ihr hält er sein Lendentuch. Wie eine „Cappa" gebraucht er das Tuch, um den Stier abzulenken von einem Pferd, das vor dem Kreuz stürzte. Er lockt den Stier fort von der aufschreienden Kreatur, auf sich selbst zu. Picasso weiß, was solch eine „Quite" in diesem tödlichen Spiel zwischen Torrero und Stier bedeutet. Er hat sie öfters dargestellt mit Pinsel und Stift. Hemingway beschreibt sie in Worten: „Das Fortholen des Stieres von jedem, der von ihm in unmittelbare Gefahr gebracht wird... Der Augenblick, in dem der Torrero den höchsten Grad der Selbstverleugnung beweist" (Hemingway, Tod am Nachmittag). Sieht Picasso Jesus, den Gekreuzigten, so? Ein Mann, der sich am Kreuz ganz hingegeben hat für alle Leidenden, für alle Geschundenen – der in unserer modernen Welt noch lebt wie auf der Bühne, in der Arena unserer Tage?

Picasso sagt nicht, wie es ausgehen wird bei diesem Kampf: Sieg oder Niederlage? Ist es ein Karfreitags- oder ein Auferstehungsbild? Bleiben wir Zuschauer? Zuschauer, die keinen

Finger rühren, distanziert, vielleicht sogar unaufmerksam für das, was Picasso gezeigt und was Christus erwarten kann: Seht auf den, der sich aufopfert, seht nicht vorbei am Stier, der auch Gottes Kreatur ist.

39

Gegrüßet seist du, Maria

Der Papst sandte uns einen Brief. Die „rechte Verehrung der Mutter Gottes" ist sein Inhalt. Von mancherlei guten Ratschlägen greife ich jenen auf, der mit einer Warnung verbunden ist: Die mechanische Wiederholung und ein formelhafter Gebrauch des Gebetes sei zu vermeiden und um so mehr meditatives Beten empfohlen.
Gegrüßet seist du, Maria...
Der Gruß des Engels. Tausendfach gebetet und musiziert an jedem Tag. Im Hintergrund ein falscher Ton. Ein anderer Gruß: „Gegrüßet seist du, Rabbi!" Welcher Kontrast! In Nazaret beginnt mit dem Gruß des Engels Leben, wächst heimlich die Liebe zwischen Gott und den Menschen – auf dem Ölberg ist dieser Gruß das erste Wort der Passion. Offen wird der Verrat ausgesprochen. – Jungfrau und Verräter, sie beide waren berufen, beide ihm vertraut. Der Weg führt die Mutter von Nazaret nach Betlehem. Mit einem Kuß und diesem Gruß beginnt der Weg zum Kreuz. –

„Immer wieder hast du den Menschen deinen Bund angeboten...", so lesen wir im vierten Hochgebet. Dem Bund mit Maria gingen andere voraus und folgten so viele. Gegrüßet seid ihr, Frauen des Alten Bundes. Gegrüßet bist du, Eva, und du, Ruth, du, Hanna. Gegrüßet seid ihr, Frauen des Neuen Bundes. Gegrüßet bist du, Elisabet, du, Klara, du, Theresa. Gegrüßet seid ihr, all ihr Frauen unter dem Regenbogen des Heils.

Voll der Gnade...
Ein Feld voll blühender Rosen. Ein Haus mit lachenden Kindern. Ein Glas, gefüllt bis zum Rande. Bilder der Fülle. Aber ein Mensch, der ganz erfüllt sein sollte von Gnade? Wie soll das geschehen, da uns von solcher Fülle mehr trennt, als in Zahlen und

Zentimetern auszudrücken ist? Da wir doch auf dem Wege des Lebens immer wieder stehenbleiben müssen, weit vor dem Ziel pausieren und gar aufgeben, das Heilige uns vertraut sein mag, aber nie ganz erfüllt? Maria, dir ist die Fülle geschenkt von Gott. Gefäß unendlicher Gnade.

Der Herr ist mit dir...
In der Sprache, die Maria kennt, bedeutet dies: Der Vater ist mit dir. Nun wird der Sohn mit dir sein. Du wirst ihn tragen über das Gebirge zu Elisabet, wirst dich mühen nach Betlehem und fliehen nach Ägypten. Er wird mit dir sein viele Jahre lang: dein Sohn, der auch dein Herr ist. Er wird sich von dir trennen und seine eigenen Wege gehen müssen. Vom Kreuz herab wird er dich rufen. Wenn er gestorben ist, wird man dir seinen Leichnam in den Schoß legen und mit Johannes, der dich als Mutter annimmt, wirst du fortgehen. Dann aber nimmt er dich auf in sein himmlisches Leben und wird ewig mit dir sein.

Du bist gebenedeit unter den Frauen...
Nicht immer stand die Frau im hohen Ansehen bei den Juden. Sie gehörte zur großen Gruppe der Nachgeordneten, der Kleinen und Armen. Gesegnet sind mit Maria die Menschen der „zweiten Reihe". Dort sucht Gott, und er findet hier nicht wenige seiner Freunde.

Und gebenedeit ist die Frucht deines Leibes...
Wie gut ist es, zu wissen, daß Gott sich eingenistet hat in unser Leben. Ohne Ende werden wir staunen, daß er sich eingemischt hat in des Menschen Geschichte. Es ist gut, zu wissen, daß Gottes Wort nun Frucht wurde. Nicht vergeblich ist es, wenn er spricht

und daß er litt. Gott hat nun uns sein greifbares Gegenüber geschenkt: Jesus.

Heilige Maria, Mutter Gottes...
Worte, die man nur stammelnd sagen kann, denn welches Wunder: Die Mutter des Gottes! Der allein Heilige erwählte diese Frau sich zur Mutter, deshalb nennt man dich heilig.

Wie viele Mütter, bist du, Dienerin des Sohnes. Du bist im Dienst des Heiligen, heilige Maria. Mattäus beschreibt die Rangordnung zwischen Mutter und dem Sohn: „Jesus und seine Mutter".

Auf Bildern sah ich das Antlitz der Mutter verschwinden hinter dem schmalen Leib des Kindes.

Bitte für uns Sünder...
Maria hat miterlebt und selbst erfahren, wohin die Sünde und die Sünder ihren Sohn brachten: Ans Kreuz mit ihm! Wie gehen Marienverehrer mit den Sündern um? Sprechen sie mit dem Sohne: „Vater, sie wissen nicht, was sie tun?"

Jetzt und in der Stunde unseres Todes...
Heilige Maria, Mutter Gottes, bitte für uns, jetzt und in jeder Stunde an der Schwelle, die du überschritten hast, über die du gehoben wurdest durch die Gnade deines Sohnes, unseres Gottes.
Amen.

40

Liebesbriefe – Weihnachtsbriefe

Was hier im Titel so fremd beieinander steht, geriet in einer Geschichte zusammen, die ich Ihnen erzählen möchte.

Vor gut vierzig Jahren führte mein Onkel ein großes Haus, wie man so zu sagen pflegt, wenn in viele Räume mancherlei Gäste zu festlichen Abenden, Wochenenden geladen werden. Mit uns Kindern wußte man in dieser Adventszeit nichts anzufangen und wir selber nicht mit uns. Aber der Onkel hatte eine rettende Idee und führte uns in das große Wohnzimmer. „Hier werdet ihr euch gut unterhalten." Eine Schublade der Kommode war bis oben hin gefüllt mit Spielen, auf einem Tisch lagen alte Illustrierte, Bücherregale bis zur Decke. Der Onkel erzählte uns noch von den Männern in Uniformen, den Damen mit viel Schmuck, der Ahnengalerie. Wir entdeckten ein wenig von ihrem Leben, wollten nun doch selber etwas erleben. Ein Möbel im Zimmer sperrte sich unserem Entdeckungsdrang. Es war ein besonders schön eingelegtes Stück, das der Onkel „Sekretär" nannte, wohl weil darin besonders Geheimes, Sekretes aufbewahrt wurde, das auch uns sich nicht öffnete. Am Nachmittag jedoch, bei Tee und Kuchen fragten wir den Onkel, was er in seinem Sekretär aufbewahre. „Es gibt da ein Geheimfach. Sucht es." Wir fanden es erst mühsam mit seiner Hilfe, und dann war es leer. „Vor vielen Jahren fand ich dort, als ich auch auf Entdekkung war, ein kleines Bündel, lauter Briefe, Liebesbriefe." Wir wollten Genaueres erfahren und bekamen die Auskunft, daß er wohl die zierliche Handschrift einer Dame erkannt habe, die den Namen des Adressaten auf die Kuverts schrieb, daß er aber nicht wisse, was in den Briefen selbst gestanden habe, da er sie ungelesen an die Familie jenes Herrn schickte, dem Empfänger der Briefe, dessen Name und Titel, zwar mit vielen Schnörkeln versehen, doch gut zu entziffern war. Der Onkel wußte noch vieler-

lei zu berichten von den beiden jungen Menschen, die sich liebten und liebend schrieben.
Endlich zog er aus dem Sekretär einige Bogen Papier hervor, drückte jedem von uns einen Federhalter in die Hand, stellte ein Tintenfaß in die Mitte und sagte: „Wie wäre es, wenn ihr nun Liebesbriefe schreibt.“ Wir meinten, dazu seien wir noch zu jung und wüßten auch gar nicht, was man da schreiben solle. So schnell gab mein Onkel nicht auf: „Dann schreibt ihr eben Weihnachtsbriefe. Das ist fast dasselbe.“ Er lachte dabei und wir mit ihm, denn wir wußten, daß das nicht ganz so war. Aber damals habe ich angefangen, jedes Jahr von neuem Weihnachtsbriefe zu schreiben. Druckreif sind sie nie gewesen und werden es wohl auch in diesem Jahr nicht sein. Nachdem ich Theologe bin, wundert es die Menschen nicht, sie erwarten es vielmehr, wenn ich in meinen Weihnachtsbriefen vom Glauben und von der Hoffnung schreibe. Es ist auch immer die Rede von der Liebe. Zu Weihnachten sind es dann nicht nur Worte, eher eine sehr lebendige Erinnerung: Das Mädchen Maria erhält einen Antrag: „Gegrüßet seist du, Maria, voll der Gnade. Der Herr ist mit dir.“ Die Liebe Gottes blieb auch damals nicht nur ein Wort. Sie wird Fleisch. Gott vertraut sich den Menschen an, dem Mädchen, dem Josef, den Aposteln und uns. (Offenbar hatte der Onkel recht, als er sagte: „Weihnachtsbriefe sind so etwas Ähnliches wie Liebesbriefe.“)

Ein Blick in den Kalender. Haben wir noch genug Zeit, um Briefe zu schreiben? Vielleicht reicht sie noch. Und außerdem: solche Briefe dürfen spät geschrieben werden und dürfen zu spät ankommen. Für Liebe ist es nie zu spät.

41

Kein schlechter Vorschlag

Gehen Sie mal wieder in eine Kirche! Das ist eine Zumutung? Eine gute Zumutung und gar kein schlechter Vorschlag, wie ich meine. Viele Menschen werden durch Gottesdienste der Kirche aus der Kirche vertrieben? Man hat seine Erfahrungen? Aber versuchen Sie es noch einmal von neuem, diesmal vielleicht mit dem Besuch in einer leeren Kirche. Ein Vorschlag auch für jene, die häufiger Gottesdienste besuchen und lieben.

Ich weiß, wie sehr wir Entspannung, Ruhe, Besinnung brauchen. Wo findet man sie heute? Vielleicht eben in diesen leeren Räumen, in jenen Kirchen, die angeblich so sinnlos, weil unbenützt dastehen den lieben langen Tag?

Von Amts wegen schaue ich mehrmals am Tag in „meine“ Kirche. Dort sehe ich nicht viele Männer und Frauen, zuweilen nur einen einzigen ganz allein. Um ihn ist viel Platz, Stille im hohen Raum, Luft genug und machmal Sonne. Niemand sagt ihm, was er tun soll. Kein Telefon stört, niemand belästigt ihn. Wenn ich wieder geh, bleibt er für sich allein. Was mag ihn hierher geführt haben? Unsere Kirche ist nicht geheizt im Winter. Es ist eher kalt. Wir sind arm an Kunstwerken. Die Opferkästen werden kaum beachtet. Was führt ihn und manch anderen immer wieder in diese leere Kirche?

Vielleicht handelt er ähnlich wie Jesus, wenn er in die ,,Wüste“ ging? Für Christus war es weder die Sand- noch die Stein-, noch gar die Häuserwüste, in die er sich zurückzog. Es waren menschenleere Gegenden, die er suchte, und er fand dort den Ort, an dem ihn nichts und niemand von Gott trennte. Viele von uns sind auf der Suche nach einem Fleckchen, wo man nur sich selbst und Gott unmittelbar begegnen könnte, und sie meiden dann doch diese Orte, denn allzusehr ist man dort sich selbst und Gott ausgeliefert. Wer liebt solcherlei Orte? Sie sind wie ein Weg in unbekanntes Land, eben in die Wüste. Und eine solch strapazierende Exkursion, solchen Auszug sollte ich Ihnen empfehlen? Ist das nicht eine Zumutung, ja eine falsche Richtungsangabe, wie eine Empfehlung zur Flucht? Manchmal muß man wohl fliehen. Aber man bleibt dann doch stehen, sucht Ruhe und Halt. Es kann gelingen, uns selbst, den anderen und sogar Gott zu finden. Versuchen Sie es.

Diesen Minuten der Absonderung und der Stille können später Stunden der festlichen Gemeinschaft folgen. Gehen Sie wieder einmal in eine Kirche, in eine leere Kirche zwischen den Gottesdiensten! Kann man einen solch guten Ort nicht auch im Wald finden? Ja, Herr Krupp von Bohlen besitzt ein ganzes Tal mit Wäldern. Lassen Sie sich einladen. Auch in öffentlichen Wäldern kann man sehr gut sehr privat sein. – Muß es unbedingt eine Kirche sein? Nein, ein leeres Stadion ohne Spiel und Training ist gewiß auch ein guter Platz. Lassen Sie sich einen Schlüssel geben. – Oder findet man auf dem Meer die Stille? Ja, eine Privatjacht hat etwas sehr Beruhigendes, und ein Boot auf dem Bodensee tut es auch. – Aber die leeren Kirchen stehen in jedem Ort und sind für jeden geöffnet. Es kostet dort keinen Eintritt. Sie sind für Sie gebaut. Nicht alle mögen empfehlenswert sein für solch stille Begegnung. Es gibt gewiß Kirchen, die mehr Museen gleichen, und andere, die Ähnlichkeit haben mit nüchternen Bahnhöfen oder spektakulären Betontheatern. Es gibt Kirchen, die sind eher zum Davonlaufen als zum Ausruhen. Begegnung wird aber auch dort angeboten, Begegnung mit sich selbst und mit Gott. Menschenleer sind die meisten Kirchen, und sie sind für Sie, fast immer, geöffnet.

42

Verzeihung durch Zuneigung

Manche Worte der Schrift springen einen förmlich an. Man kann sich ihnen nicht entziehen. Auch einige Szenen werden zu Bildern, die bleiben. Unvergeßlich, was im Hof des Hohenpriesters geschah zwischen Petrus und Mägden, Soldaten, Nachtbummlern und Jesus! Ein Bild vom Versagen und vom Verzeihen.

Trotz aller Warnung leugnete Petrus, zu den Jüngern zu gehören. „Ich kenne diesen Menschen nicht... Da wandte sich der Herr um und blickte den Petrus an. In diesem Augenblick erinnerte sich Petrus, wie er zu ihm gesagt hatte: ‚Ehe der Hahn heute kräht, wirst du mich verleugnen.' Und er ging hinaus und weinte bitterlich" (Lk 22,54–62). Zwischen dem dramatischen Wortgefecht zu Beginn und jenem Hahnenschrei, den Musiker unvergleichlich zum Klingen brachten, steht jener fast vergessene Satz, daß Jesus sich dem Petrus zuwandte. Sie schauten einander an. Durch diese Zuneigung wurde Petrus verändert. Nun erkannte er sein Versagen, er ging fort und weinte.

Dies als erstes von drei Beispielen für Verzeihung, die durch Zuneigung ausgelöst wird. Wenn je alle Brücken zwischen Petrus und seinem Herrn eingestürzt waren, „der Faden gerissen", hier im Hof, mit diesem Blick wurden die Beziehungen wiederhergestellt, Verzeihung angebahnt, die Schuld erkannt, und Reue läßt Petrus weinen.

Die zweite Szene ist nicht minder packend. Entsetzlich war, was da, wiederum im Hof des Hohenpriesters, geschah. Judas, von Reue gepackt: „Ich habe unrecht getan!" Die Hohenpriester und Ältesten wußten ihm nichts anderes zu sagen als: „Was geht das uns an? Das ist deine Sache. Da warf er die Silberlinge in den Tempel und ging weg; dann erhängte er sich" (Mt 27,3–5). Judas hatte sich an die Falschen gewandt. Wer weiß, ob alles mit Judas anders ausgegangen wäre, hätte ihn der Herr angeschaut, wäre er nicht so hart von der Obrigkeit zurückgestoßen worden?

Wo Verzeihung geschehen soll, muß mehr sein als diese kühle Vernunft, die rechnet und abrechnet, die Zuständigkeitsfragen klärt. Herzen müssen sich auftun, damit Tränen fließen können und somit das Neue beginnt. Es gibt unerträglich kühle Verzeihung. Sie taugt nicht viel, weil sie nichts erschließt, nichts zu verwandeln weiß, sie lockt keine Träne hervor, löst weniger, als daß sie den noch enger schnürt, der Befreiung sucht.

Das letzte Beispiel. (Wie seltsam, daß rings um das Kreuz sich solche Exempel häufen.)

Auch hier: was für eine Szene! Drei Männer am Kreuz. Sie leben gerade noch ein wenig. Der eine lästert jenen in der Mitte, der dritte aber verteidigt den Angegriffenen. Das schließt ihm das Herz Jesu und den Himmel auf. Von seinen Sünden kein Wort mehr, nur noch von seinem Heil ist die Rede: „Heute noch wirst du im Paradiese sein."

43

Im Zug zwischen München und Stuttgart

Was ich nach einem Fußballspiel im Olympiastadion mit heimreisenden jungen Sportsfreunden erlebte, könnte gewiß auch irgendwo sonst in einem Zug, der Deutschland am Samstagabend durchquert, passiert sein. Es war für mich ein Glücksfall, daß ich dabeisein durfte, zwar nicht im Stadion, doch nun als Reisegefährte.

Wie Menschen sich verändern! In München waren sie eingestiegen. Lauter junge Leute, etwa zweihundert. Vierzehn- bis Achtzehnjährige. Sie feierten das Unentschieden, das ihr Verein erreicht hatte, wie einen Sieg. Bei der Fahrt durch das verschneite, stille Land stiegen die Stimmung und der Alkoholpegel, besonders auch die Phonstärke. Ich lächelte milde. Zur Milde bin ich vom Beruf her geneigt und aufgefordert, und ich erinnerte mich an eigene Erlebnisse, bei denen es ebenso laut und ohne viel Rücksicht auf andere Leute zuging. Als Dank wurde ich dann von einem dieser Jungen als „Opa" angesprochen, was ich für ebenso ehrenvoll wie etwas verfrüht empfand. Es muß ein gutes Spiel gewesen sein, und nun hatte man Bier und auch Trompeten. Mit Sechzehn ebenso laut und fast so dunkelrauchig röhren und krächzen zu können wie Louis Armstrong, das muß schon sehr schön sein. Außerdem: „Mer send Zwoihondert." Das konnte man nicht nur einmal hören, und das gab Stärke und Rückhalt gegenüber allen Andersdenkenden. Einer von diesen zweihundert Sportsfreunden hatte eine besonders durchdringende Stimme, die mich in meiner Milde doch etwas irritierte. Hätte ich nicht besser das Auto nehmen sollen oder eine Fahrkarte für die erste Klasse? Als es nun zum Streit kam zwischen den Sportlern und einem zivilen, älteren Reisenden, mußte der Zugführer eingreifen. Das war gewiß weder interessant noch recht erfreulich. Anders jene Wendung, von der ich Ihnen erzählen möchte: Der junge Mann mit der kräftigen Stimme hatte unversehens ein Kind auf dem Arm, ein blondes Bürschchen. Die beiden schwätzten miteinander. Und aus dem sich kraftprotzend Zur-Schau-Stellen wurde eine ganz behutsame Kameradschaft und fast eine väterliche Zuneigung. Auch die anderen jungen Leute blieben davon nicht unberührt. Sie lachten ihren Kameraden nicht aus, sondern schauten zu. Der Phonpegel sank rapide, der Bierkonsum flaute ab. Ein paar Zivilisten fingen nun mit den Sportsfreunden an zu diskutieren über das Spiel, über ihren Beruf, und zu fragen, wie lange man noch zu fahren hätte. Was war geschehen? Die Show war zu Ende! Der junge Mann hatte sich selbst wieder entdeckt. Das Kind brachte die Wende.

Sich verändern lassen, sich umdrehen lassen, sich wieder finden! Da braucht es schon manchmal eine Hilfe, einen Menschen, den man liebt.

Wir sprechen von Buße und Jesus fordert uns auf: „Tut Buße, denn das Himmelreich ist nahe." Auch wissen wir vom Bußsakrament, von der neuen Bußordnung mit ihren Bußfeiern.

Dieses Kind nenne ich einen Bußhelfer. Das könnten jüngere wie auch ganz alte Menschen sein. Sogar einmal ein Frühopa wie ich.

Wer möchte schon sagen: Ich brauche doch keine Hilfe, nicht im Sport, nicht durch einen kleinen Buben und schon gar nicht durch einen Pfarrer, nicht einmal durch Gott? Wer möchte das schon sagen, der sich ernsthaft verändern will und doch auch verändern muß?

44

Weihnachtsfeier

Sie gehört zum vorweihnachtlichen Ritual, zur Freude, zur Last. Manche der Feiern stimmen uns nachdenklich.

Ein Stuttgarter evangelischer Sozialarbeiter berichtet über einen solchen Abend. Da saßen die Buben mit der Heimleitung in dem großen Saal. Man sah es in ihren Gesichtern, daß sie dem Weihnachtsfest nicht viel zutrauten. Sie würden es zum großen Teil zu Hause feiern können. Wie würde es gehen mit dem trunksüchtigen Vater, mit der streitbaren Mutter, mit den „lieben" Geschwistern? „Vielleicht fahre ich gar nicht weg" oder „Ich komme am zweiten Weihnachtstag wieder zurück", dachte wohl mancher von den jungen Leuten.

In dem Saal ist es dunkel bis auf vier Kerzen, die brennen. Einer der Jungen spricht bei der ersten Kerze: „Das ist die Wahrheit! Wahrheit, Ehrlichkeit, Echtheit. Oder man könnte auch sagen: das Wahre, das Schöne, das Gute. Sie sind selten geworden. So selten, daß man um der Wahrheit willen dieses Licht löschen muß." Und er löscht eine Kerze. Ein anderer Junge kommt und sagt: „Die Liebe! Ich habe nicht viel davon gespürt!" Und er löscht die zweite Kerze. Da kommt ein dritter auf die Bühne und sagt, dies sei die Kerze des Friedens. Er löscht sie. Und dann meint er: „Wo ist denn Friede?" – Zurück bleibt ein winziges Lichtlein im großen, dunklen Saal. Einer, den man nicht sieht, sagt: „Hoffnung", und er tritt neben die einzige Kerze, die noch brennt.

An diesem Lichtlein, an der Hoffnung sozusagen, entzünden dann alle im Saal ihre Kerzen, die man ihnen in die Hand gedrückt hat. Der Raum wird ganz hell und leuchtend. Jeder geht auf seinen Platz und bald darauf in seine eigene Welt und trägt dieses Licht mit sich. – Meinen Sie nicht auch: ein Weihnachtsspiel zum Nachdenken?

Aber es ist auch ein Spiel zum Weiterspielen. Wenn ich so etwas noch einmal mit Jungen oder Alten tun darf, dann habe ich folgendes vor: Es ist also nur noch ein Kerzlein da, ein Licht, nur noch die Hoffnung. Dann aber werden wir miteinander sprechen. Und wir werden einander fragen: „Sind wir nicht irgendwann einmal einem Menschen begegnet, dem wir auch heute noch trauen können?“ Und wenn einer einen solchen Menschen kennt, dann darf er nach vorne gehen und wieder eine Kerze anzünden. – „Gab es nicht vor Monaten oder Jahren etwas Wunderbares, etwas, das noch heute leuchtet in mir, das mich heute noch wärmt?“ Und wieder werden Menschen kommen, die an dem Baum in dem noch recht dunklen Saal Lichter anzünden. – „Gibt es da kein Wort, keinen Vers, kein Lied, das uns fröhlicher macht?“ Es wird ein Kommen und Gehen sein zum Lichterbaum. Und es wird immer heller. Wir werden miteinander sprechen und uns fragen: „Gibt es denn wirklich keine Menschen mehr, die einander herzlich lieben? – Nicht nur einfach so und nebenher?“ Fragen werden wir nach dem Frieden: „Gab es da nicht irgendwann einmal einen Menschen oder gar Gruppen, Gemeinschaften, Orden, die den Frieden suchten, fanden, immer wieder von neuem Frieden stifteten? Vielleicht mit dem Einsatz des eigenen Lebens? Friedensstifter?“ Ich bin sicher, es wird dann im Saal und an diesem Weihnachtsbaum so viele Lichter geben wie in einer klaren Winternacht Sterne. Nur eben nicht am Himmel, sondern hier bei uns.

Das ist dann kein Spiel mehr. Es ist Wirklichkeit. In ihr gibt es Licht. Man muß es nur sehen.

45

Zäsur – Wende

Sie haben es schon erfahren? Viele von uns haben es erlebt: die Zäsur, an die sich die Wende anschloß. Es geschah nicht immer in der Schicht des Bewußtseins. Das Leben wendete sich nicht immer zum Guten, auch zum Schlechten. Mannigfaltig sind diese Lebenserfahrungen, daß wir sagen müssen: Gestern war es noch möglich – heute unmöglich.

Gestern hatte ich noch keinen Zugang – heute stehen mir die Türen offen.

Beispiele.

Ein junger Mann wird einberufen. Gestern: Ich verdiene. Heute: Ich diene. – Jemand wird befördert. Gestern: Du bist mein Freund und Kollege. Heute: Du bist mein Untergebener, bist du noch mein Freund? – Einer wird pensioniert. Gestern: viel Arbeit. Heute: reichlich Freiheit. – Am Hochzeitstag. Gestern: Wir lieben und sind frei. Heute und morgen: Wir lieben und sind treu.

Einberufung, Pensionierung, Beförderung, Heirat, Geburt und Krankheit, das sind Veränderungen, die häufig mehr als nur Standortveränderungen sind. Man wechselt den Standpunkt. Es sind Zäsuren im Leben, die zu Wendepunkten werden, weil wir verwandelt werden.

In der „Fülle der Zeit", wie Paulus es den Galatern berichtet, wurde der „Neue Bund" und das „Neue Testament" durch Christus begründet (Mt 26,28; Lk 22,20; Gal 4,4). Die Zäsur des Christen wird mit dem Bilde „Wiedergeburt" umschrieben (Joh 3,5).

Das entscheidend Neue wird in der Passion deutlich sichtbar. Da hatte man sich zum Beispiel daran gewöhnt, den Messias und Retter als einen kriegerischen König zu erwarten. Nun reitet Jesus als sanftmütiger König in Jerusalem ein. – Er macht das alte

Opfer des Tempels unmöglich, er verändert nicht nur Opfergebräuche, er macht sie überflüssig und treibt auch deshalb die Händler und die Verkäufer samt ihren Opfertieren zum Tempel hinaus. Wozu auch noch solche Tiere? Er selbst gibt sich hin, opfert sich. Was für eine Wende! – Er ist gehorsam geworden. Gehorsam bis zum Tod. Ein Gefangener des Todes und wird dann doch der Befreier der Menschheit. Die Evangelisten hatten die Wandlung sehr wohl bemerkt, sie beschreiben sie: „Der Vorhang zerriß in zwei Stücke von oben bis unten." Deutlicher kann man ja den Schnitt, die Zäsur nicht darstellen. Das Kreuz wurde zur Wendemarke der Weltgeschichte.

Im Blick auf den Gekreuzigten.

Zuvor: Herr, erbarme dich! Jetzt: Christus, du erbarmst dich.

Früher: Ich kann nicht mehr! Jetzt: Du hast es für mich vollbracht.

Einst: Ich weiß keinen Weg. Jetzt: Du gehst uns voran.

Veraltet: Was geht mich mein Bruder an? Neu: Mein Blut für alle.

Sonst: Ich schaff's allein. Unter dem Kreuz: Hilf du uns, Gekreuzigter, zur Wende und Verwandlung.

46

Nur ein Bild

Als Kinder besaßen wir Bilder, bevor wir recht sehen konnten. Dann aber sammelten die Augen und speicherten Bildschätze, die nun aus dem Unbewußten hervorgeholt werden. Wie in dem Depot einer Gemäldegalerie sind viele von ihnen verborgen. Andere sind uns stets vor Augen, und einige erhalten erst Bedeutung, wenn wir selbst erleben, was im Bilde dargestellt wird:

Das Vesperbild. Die Mutter trägt den Sohn auf ihrem Schoß. In Betlehem mit Freude, nun am Karfreitag voll Schmerzen. Ein Bild nur, kein historisches Ereignis, werden manche sagen. Die Frommen haben es erfunden, deshalb nennt man es auch die Pieta. Am Abend, nach dem Todesschrei und der Abnahme vom Kreuz, legte man Maria den Leichnam in den Schoß. Am Abend also, deshalb „Vesperbild". Vor fast siebenhundert Jahren suchten die Menschen mit ihrem Herzen die leidende Frau und den toten Herrn und erfanden dies Bild. In Museen und Kirchen hatte ich solche Vesperbilder gesehen. Dann aber bin ich dem Bilde selbst begegnet:

Mit vielen Kameraden war ich soeben aus dem Lazarettzug in ein kleines Krankenhaus gebracht worden. Wir lagen in der Halle des Hauses im Schwarzwald, durch dessen Fenster an diesem Oktobertag schwaches Licht drang. Dort fühlten wir uns geborgen, fast so wie Kinder zu Hause. Den Blick hatte ich frei auf die Tür des Operationssaales. Geschäftiges Treiben. Man brachte die verwundeten Soldaten hinein, und die Sanitäter und Schwestern trugen und fuhren sie wieder heraus. Die erste ärztliche Untersuchung war im Gange. Man hoffte auf ein Bad und ein sauberes Bett und in ein paar Wochen: Weihnachten. Eine Schwester, eine Diakonissin, fiel mir besonders auf, groß und hager mit weißem Haar, schon älter und mit strengen Gesichtszügen. Sie stand jetzt unter der Tür des Operationssaales, und in ihren Armen ein Soldat, nackt. Er war tot. Ich sah, die Schwester weinte.

Als Kinder besaßen wir Bilder, bevor wir recht sehen konnten. Dann gingen uns die Augen auf. Bild reiht sich an Bild. Es lohnt sich zu sehen und zu sichten. Von diesem „Vesperbild" möchte ich nicht sagen: „Nur ein Bild!"

47

„Bleibt niemand etwas schuldig außer der Liebe“ (Röm 13, 8)

Ich beginne, wie ich nicht beginnen soll. Viele haben mich gewarnt: „Setze kein Schriftwort an den Anfang. Sprichst du so unmittelbar, so mangelt's dir am Gespür für die Intimsphäre.“ Ist Ihnen die Anrede mit einem Schriftwort peinlich, als ob sich Ihnen jemand aufdrängen, zu nahe treten möchte, mit der Tür ins Haus fällt? Wir kennen solchen Umgang mit dem Wort auf Plakaten am Straßenrand und Zetteln im Briefkasten, als Bibelspruch, flink vorgetragen zwischen Tür und Angel. Ja, das Wort der Schrift drängt zum Menschen hin, bittet um Einlaß und um Gehör, aber es läßt Freiheit.

Paulus behandelt zuerst ein Problem, das seine Leser nur im Außenbezirk zu berühren scheint („Bleibt niemand etwas schuldig“), er fügt dann ein Wort an, bei dem jeder im Inneren betroffen ist („... außer der Liebe“). Man bedenke, daß es ein armer Mann ist, ein Zeltmacher, der diesen Rat gibt. Er weiß, wie auf dem Armen die Schulden besonders schwer lasten, seine geringen Möglichkeiten noch weiter einengend. Nicht einmal von seinen Gemeinden will Paulus abhängig sein. Er hätte von ihren Gaben leben können. Das Recht dararauf nimmt er für sich in Anspruch, wenn er sagt: „Man soll dem Ochsen das Maul nicht verbinden“, wobei Paulus sich selbst als „Ochse“ verstehen mag und die Diener der Kirchengemeinden späterer Jahrhunderte sich das Maul wahrlich nicht verbinden ließen. Der Apostel aber übt das Recht nicht aus. Der auf Unabhängigkeit bedachte Mann hält sich selbst an das, was er uns empfiehlt: „Bleibt niemand etwas schuldig...“

Ich habe meine Ölrechnung noch nicht bezahlt. Gewiß gewährt man mir Kredit, aber Schuldzinsen können zur Last werden, und sie nehmen uns jene Restsumme vom Konto, über die wir, nach Tilgung all der mannigfachen übrigen Verpflichtungen, hätten frei verfügen können. Übrigens, haben Sie Ihre Ölrechnung schon bezahlt?

Es ist also doch nicht nur ein Außen- und Teilbezirk unseres Lebens, auf den sich die Worte des Apostels richten, da nichts Geringeres gerettet werden soll als unsere Freiheit. Sie ist bedroht vom Schuldenmachen.

Die Mahnung des Paulus hat noch einen bemerkenswerten Zusatz, der in den inneren Bereich weiter vordringt: „Bleibt niemand etwas schuldig außer der Liebe." Vieles kann zurückgegeben, zurückbezahlt werden. Liebe aber entzieht sich solcher Abrechnung, Kalkulation, Bezahlung. (Da ziemt sich auch kein „do ut des – Ich gebe, damit du mir gibst.") Liebe ist nur im entferntesten Sinn ein Rechtsverhältnis mit „Schulden" – „Dienstleistungen" – „Aufrechnen" – „Abrechnen". In der Liebe läßt sich nichts fordern und nichts bezahlen, in ihr mag es „Schuld" geben, aber keine „Schulden". So sollte man darauf verzichten, zu sagen: „Du schuldest mir dies und das, weil ich dich so lange, so innig geliebt habe." – Hier gelten andere Werte und Worte: „Ich schenke mich dir – Ich gebe mich dir – Nimm mich an – Ich danke dir."

48

„Nimm dich nicht gar so ernst“

Von Johannes XXIII. wird erzählt, daß er im Oktober 1958 ein eigenartiges Erlebnis hatte. Die Kardinäle hatten ihn zum Papst gewählt. Darauf war er nicht vorbereitet, er hatte sich nicht danach gedrängt. Seine Schwächen, sein Alter machten ihm Sorge. Er war so gar kein Römer. Und nun: Erster Mann im Vatikan, Papst einer Weltkirche und in dieser Zeit? Zwischen Angst und Mut hin und her gerissen, fand er in jener Nacht kaum Schlaf. Wie im Traum, als ob der Herr selbst zu ihm spräche, hörte er eine Stimme: „Angelo Giuseppe, nimm dich nicht gar so ernst!“ Soweit die Anekdote über Johannes XXIII. Sie ist zwar sicher so etwas wie eine Wanderlegende, denn man erzählt die gleiche Begebenheit auch von Pius X.

Im Traum und im Leben kann die Devise „Nimm dich nicht gar so ernst“ zur Starthilfe werden für den schweren Anfang. Aber nicht für den Menschen ohne Ernsthaftigkeit. Er müßte sich sagen lassen: „Nimm dich noch viel ernster als je zuvor!“ Dann wird er es leichter haben, weil er es sich nicht zu leicht macht.

„Nimm dich nicht gar so ernst.“ Wem kann es zu einer Starthilfe werden?

Jenen, die sich zu ernst im Sinn von „zu wichtig“ nehmen. Wer sich selbst zum Nabel der Welt macht, kann darüber Bauchschmerzen bekommen. Er glaubt sich immer im Mittelpunkt des Interesses, stets fühlt er sich aufgefordert, Wichtiges und Bedeutendes zu tun. Nicht jede Stadt ist „Partner der Welt“, nicht jeder Mensch ist eine „very important person“; niemand ist Mittelpunkt der Welt. Dieser kleine Satz der Wanderlegende kann auch für all jene hilfreich sein, die ihre Schwächen und Fehler allzu ernst nehmen: „Wozu bin ich nicht fähig, was wird mir mißlingen?“

Gott hat den Menschen ernster genommen, als es diesem manchmal lieb ist. Das verwunderte schon jenen Mann, der den achten Psalm sang: „Was ist ein Menschlein, daß du seiner gedenkst?“ Gott hat sich den Menschen etwas kosten lassen. Durch ihn, so sagen die Apostel, verwandelt sich Traurigkeit in Freude. Diese Freude und den Herrn, der sie mit dem Tod am Kreuze erkaufte, sollten wir sehr ernst nehmen in fröhlichen und in traurigen Tagen.

49

Der Trauzeuge

Er war etwas erschöpft, aber nun konnte er sich ausruhen. Vorhin gab es Ärger mit der fünfzehnjährigen Tochter, die das Brautjungfernkleid „Mutters Ballkleid“ nannte. Er sah zu ihr hinüber und wurde stolz auf seine hübsche Tochter, deren Kleid so gut zu den Rosen im Brautbukett paßte. Die Braut sah er zum erstenmal. Von seinem Freund, dem Bräutigam, war er als Trauzeuge berufen worden.

Als der Geistliche in seiner Ansprache nun sagte: „Ihr seid ein neuer Schöpfungstag“, gesellte sich zum väterlichen Stolz ein anderes Gefühl, das der Trauzeuge als Dankbarkeit erkannte. Hellhörig vernahm er in der Anprache vom „achten Schöpfungstag“ und dem Roman von Thornton Wilder. Offenbar war dieser Geistliche ein gebildeter Mann. So unrecht hatten ja der Schriftsteller und der Geistliche nicht: Bei unserer Hochzeit, es war im Jahr 1944, mußten wir am Nullpunkt beginnen, alles war aus dem „Nichts“ und dem „Staub“ zu schaffen. Die Mitgift war gering, Sachwerte waren nicht vorhanden, aber durch meine Braut habe ich unendlich viel erhalten. Er sah zu seiner Frau hinüber und entdeckte von ihr nicht mehr als das Gewölbe ihres großen Hutes. Den Eltern war er dankbar, seinen Lehrern, Menschen, die sie begleitet hatten, korrigierten, fröhlicher und klüger machten auf ihrem Weg durch diesen „achten Schöpfungstag“ ihrer Ehe. Da waren nicht nur die Kinder und das neu aufgebaute Geschäft. Sie hatten einander sich helfend selber neu geschaffen. Der Trauzeuge wurde etwas verwirrt, denn so klar war ihm das noch nie gewesen.

Nach der Predigt sollte nun die eigentliche Trauung folgen. Er wurde unruhig und etwas ängstlich, erinnerte sich an dieses Gefühl, das er schon bei der eigenen Trauung verspürt hatte. Wie würde es diesem jungen Paar ergehen in der Ehe? Hinter dem

Altar stand ein mächtiges Kreuz. Die beiden würden gleich versprechen, einander treu zu sein, sich zu achten, sich zu lieben und beieinander zu bleiben, „bis der Tod uns scheidet“. Nach vierzehn Jahren Ehe wußte er sehr wohl, welch schwerwiegende Entscheidung hier getroffen wird. Beide müßten gemeinsam eine Antwort finden auf den Gekreuzigten. Wenn sie sich so verhielten, als ob nichts zu opfern wäre, als ob keine Schuld vergeben werden könnte, als ob nicht der eine des andern Last tragen könnte, als ob man das Leid aussparen könne? Der Trauzeuge nahm sich vor, das junge Paar zu erinnern an dieses Kreuz und daß man sich dem Gekreuzigten in den schweren Stunden anvertrauen könne. Ohne ihn gab es nach allem „Kreuz“ kein Ostern, auch nicht in der Ehe.

Der Geistliche betete: „... vollende, was wir begonnen haben ...“ Das wird notwendig sein, dachte der Trauzeuge für sich, denn bei allem Erfolg: Das Leben ist eine fragmentarische Sache. Nie erreichen wir das Ziel. Wir gehen ein paar Schritte, und dann müssen wir abtreten. Immer verlassen wir die Vorstellung vor dem Finale. Er schaute sich um. Diese Kirche, sie wird auch nie fertig. Jeden Sonntag wird wieder neu gesammelt für ihren Umbau. Man muß Geduld haben, sowohl mit der Kirche und in der Ehe. Er hatte das selbst erlebt, daß er müde wurde und resignierte. So war es gut, daß da einer war, der alles vollendet.

Der Trauzeuge lachte etwas in sich hinein: Schöpfung – Erlösung – Vollendung, damit ließe sich predigen. Beim Hinausgehen traf er seine Frau. Ihre Augen leuchteten. Ja, sie beide waren Zeugen, was in der Ehe möglich ist. SeineFrau schien ihm sagen zu wollen: „Wir durften etwas schaffen. – Wir sind am Kreuz nicht vorbeigekommen, aber, nicht ganz ohne Hilfe, hindurch. – Wir haben noch viel vor, und alles Gute wird vollendet.“

50

Erinnerung an den Tod

Sechsundzwanzig Menschen sind bei einem Flugzeugunglück umgekommen (1. 9. 1975). Welch plötzlicher, jäher Tod! Er berührt, trifft und erschreckt uns alle. Wer ist darauf vorbereitet?

Kann es hilfreich sein, über den Tod nachzudenken? Vor sechzehnhundert Jahren sagte Chrysostomus: „Alle sehen den Tod, aber wenige verstehen ihn." Ich weiß, niemand versteht den Tod. Aber man kann sich erinnern lassen. Erinnerung an den Tod. Das bedeutet, sich zu erinnern, wie wenig wir angesichts des Todes vermögen. Wir dürfen den Angehörigen versichern, daß wir, wie sie, ratlos sind, hilflos und doch mit ihnen voller Hoffnung.

Erinnerung an den Tod. Das bedeutet, sich der Todesgefahr bewußt zu werden. Gewiß sind es immer nur wenige, die unmittelbar von den Katastrophen erreicht werden und sterben. Millionen aber leben täglich in der Bedrohung.

Erinnerung an den Tod. Man kann offenbar nicht nur das Leben lernen, sondern ein wenig auch das Sterben. Ärzte stellen diese Behauptung auf, Psychologen und Dichter. Einer von ihnen schreibt: „Jeder Tag ist ein kleines Leben, jedes Erwachen eine kleine Geburt, jeder frühe Morgen eine kleine Jugend, jede Krankheit ein kleiner Tod."

Ich weiß nicht, ob Sie dem zustimmen können, doch es geht mir nicht um Zustimmung, heute muß ich mich damit begnügen, an den Tod zu erinnern.

Erinnerung an den Tod. Jesus und die Toten? Zu dem Vater des Mädchens, das gestorben war, sprach er: „Habe Vertrauen!" und zur Mutter des Jüngling von Nain: „Weine nicht", zu den Schwestern des Lazarus: „Ich bin die Auferstehung", nach Ostern: „Ich gehe euch voraus!"

Zum Sterben leichthin ein „Amen", was ja soviel heißen würde: „So soll es sein."? Es ist mir nicht danach zumute, jetzt abschließende Worte über Sterben und Tod zu sagen. Man benötigte dafür ein Jahrhundert und wäre noch nicht am Ende.

Erinnerung an den Tod. Verse und Melodien klingen auf. Abraham a Santa Clara, unser Landsmann in Wien:

„Da kommt ein Schnitter,
heißt der Tod,
hat Gewalt vom großen Gott...
bald wird er dreinschneiden,
wir müssen's erleiden,
hüt dich, schön's Blümelein."

Erinnerung an den Tod. Wozu in alten Versen? Jede Morgenzeitung bringt Katastrophenmeldungen. Jeden Morgen also: „Memento mori – Erinnerung an den Tod."

Erinnerung an den Tod. Menschen können helfen. Ich kenne viele, die sich mühen, daß andere menschlicher sterben. Ich habe es gesehen, wie sie bei Sterbenden blieben, als die Einsamkeit ganz groß wurde.

Erinnerung an den Tod. Protestfragen werden laut: „Wie kann Gott solches zulassen?" Auch ich habe darauf keine abschließende Antwort. Wer hier flink sich und andere trösten will, geht am Tod, dem Leid, der Hoffnung vorüber!

Erinnerung an den Tod. Das bedeutet beten:

„Auch wenn ich gehen muß durch die Todesschattenschlucht, fürchte ich nichts Böses, denn du bist bei mir."

Erinnerung an den Tod. Das bedeutet schließlich, sich heute schon auf den eigenen Tod zu besinnen. Wie wird es mir ergehen? Ein Sterbender sagte dazu: „Wer diesem Christus glaubt, starrt nicht ins Nichts. Er wird nicht sagen: Nur ich, ich selbst bin neben mir. Sondern: Christus ist neben mir."